Nicole Seitz

Wenn der Schwamm mal wieder voll ist

Hochsensibel mit ganz viel Herz

Impressum

© Nicole Seitz, 2020

ISBN: 9783751966788

Cover- und Buchgestaltung
sowie Bilder/Fotos: Nicole Seitz

Herstellung und Verlag: BoD – Books on Demand, Norderstedt

Bibliografische Information der Deutschen Nationalbibliothek: Die Deutsche Nationalbibliothek verzeichnet diese Publikation in der Deutschen Nationalbibliografie; detaillierte bibliografische Daten sind im Internet über dnb.dnb.de abrufbar.

www.engelliebe.com

♥ Mein erstes Buch ♥

von Herz zu Herz
für all meine Lieben in meinem Leben…

…für meine Kinder Jana und Julian
…für meinen Papa und seine Lebenspartnerin
…für meine Oma ✩ und meinen Opa ✩
…für meine Schwester
…für meine Herzensfreundinnen

…und für alle, die mich bereits ein Stück weit auf
meinem Lebensweg begleitet haben und es noch tun werden.

Inhalt

durchatme und mir mit einem befreiten, wohligen Gefühl denke „Was für ein Erdenleben… endlich wieder zu Hause!".

Ich möchte damit ganz bestimmt nicht mitteilen, dass ich totunglücklich bin und mich bei nächster Gelegenheit vor den Zug werfe. Keinesfalls, denn ich werde meine Aufgaben hier weiterhin in Liebe meistern, meine Berufung voller innerer Freude leben und den Menschen sehr gerne helfend zur Seite stehen, indem ich sie sanft in ihr Herz begleite. Deshalb freue ich mich über jeden einzelnen Leser dieses Buches, den ich mit meinen Worten berühre und so liebevoll dahin bringe, dieses unglaubliche Geschenk der Feinfühligkeit offenen Herzens anzunehmen, um damit freudig durchs Erdenleben zu gehen.

Als mir endlich klar wurde…

Ich war vor unserem Umzug ins schöne Allgäu im Sommer 2018 einige Jahre in einer Stadtbücherei tätig. Und in der Zeit fiel mir auch das erste Buch über Hochsensibilität in die Hände. Dieses war für Erwachsene. Da ich damals jedoch noch gar nicht an mich selbst dachte, sondern eher an meine Tochter, habe ich das Buch vom selben Autor über hochsensible Kinder gekauft. Damit bin ich wiederum erst langsam darauf gekommen, dass ich wohl selbst auch hochsensibel bin. Das hat mich so aber noch nicht viel weitergebracht.

Als wir dann in der Bücherei ein weiteres, für mich dieses eine Hammerbuch bekommen haben, wusste ich, dass zu viel Feingefühl das war, was mir mein Leben nicht immer angenehm machte. Ich habe mich noch niemals, auch von keinem Menschen, so sehr verstanden gefühlt, wie von diesem Buch (siehe Buchempfehlungen auf Seite 104). Ich wollte es eigentlich nur kurz durchblättern, konnte es dann aber gar nicht mehr weglegen. Nachdem ich flüchtig einige Abschnitte gelesen hatte, habe ich mich erst einmal auf die Toilette verkrochen, um zu weinen, weil es mich so tief berührt hat. Ich dachte mir, genau das bin ICH, als hätte man über mich geschrieben. Endlich sagt mir jemand, was mit mir los ist.

Noch ein paar Wochen zuvor kam eine Leserin an die Ausleihtheke und fragte mich, ob wir ein Buch über Hochsensibilität haben. Ich habe ihr dann eben das erste hier genannte empfohlen. Als ich das zweite in den Händen hielt, fiel mir sofort wieder diese Frau ein. Ich hoffte, dass es dann gerade in unserem Bestand ist, wenn sie wieder zu uns kommt. Und prompt, so traf es auch zu.

Als sie das Buch einige Tage später zurückbrachte, hat sie mich gefragt, ob ich kurz Zeit hätte. Ich bin dann mit ihr auf die Seite, um in Ruhe reden zu können. Ihre erste Frage war: „Sind Sie auch hochsensibel?" Als ich mit „Ja" antwortete, haben wir uns kurz ausgetauscht. Sie gab mir das Gefühl, dass sie gar nicht so glücklich war mit dieser Gabe. Ich sagte ihr, dass es sicher gewisse Nachteile, aber gleichzeitig ganz viele schöne Seiten hat. Für sie war es einfach auch schwierig, weil ihr Mann sie nicht verstehen konnte. So geht es eben nicht wenigen.

Das zeigt mir immer wieder, dass viele noch „umherirren" und gar nicht wissen, was nur los ist mit ihnen. Und wenn sie dann die Erkenntnis haben, dass sie hochsensibel sind, ist es für die Betroffenen wie auch für deren Partner und Familie nicht immer einfach, damit umzugehen.

Ich kann mit diesem Buch natürlich keine feste Anleitung vorgeben, wie man sich völlig befreit und überglücklich als äußerst feinfühliger Herzensmensch durchs Erdenleben schlängelt. Noch dazu erlebt es nicht jeder auf die ganz gleiche Art. Nicht zuletzt auch, weil die Lebensumstände bei jedem unterschiedlich sind. Aber ich wünsche mir so sehr, dass ich euch allen ein Stück weit weiterhelfen kann, indem ich hier von meinen eigenen Erfahrungen und Lernprozessen schreibe. Denn meiner Meinung nach reicht es nicht immer aus, einfach nur einen Ratgeber zu lesen. Anhand von persönlichen Beispielen aus dem wahren Leben erkennen Gleichgesinnte eher die Parallelen, durch die sie auf ihre

Erlebnisse und Erfahrungen aufmerksam werden. Ich empfinde es selbst immer wieder so. Und wie gut es doch tut, wenn man beispielsweise während eines Gespräches erkennt, dass es bei anderen genau gleich ist. Und so beginnt ein oft hilfreicher Austausch.

Ich wünsche euch von Herzen viel Freude

und innere Wärme beim Lesen.

Nicole

Ja
ich bin sehr feinfühlig

DU denkst vielleicht, ich bin zu offenherzig...
ICH sage Dir, ich möchte Liebe weiterfließen lassen,
denn ich sehe und fühle sie in allem.

Ja, ich bin sehr feinfühlig

DU denkst vielleicht, ich sei naiv...
ICH sage Dir, ich glaube nun mal stets an Echtheit,
denn Ironie und Täuschung verunsichern mich.

Ja, ich bin sehr feinfühlig

DU denkst vielleicht, ich bin schnell beleidigt...
ICH sage Dir, ich gehe beizeiten zu mir zurück,
denn mit mir geht es mir gut.

Ja, ich bin sehr feinfühlig

DU denkst vielleicht, mir kann man etwas vormachen...
ICH sage Dir, ich erkenne Menschen wahrhaft,
denn ich fühle hinter die Fassaden.

Ja, ich bin sehr feinfühlig

DU denkst vielleicht, ich bin schnell überlastet...
Ich sage Dir, ich sauge alles auf wie ein Schwamm,
denn ich habe empfindliche Energie-Antennen.

Ja, ich bin sehr feinfühlig

DU denkst vielleicht, ich nehme eh alles so hin…
ICH sage Dir, ja ich mache lange das Wertvollste aus allem,
denn ich sehne mich stets nach Harmonie.

Ja, ich bin sehr feinfühlig

DU denkst vielleicht, ich leide an Perfektionismus…
ICH sage Dir, ich fühle mich im übersichtlichen Außen wohl,
denn so kann ich mich auch im Innersten ordnen.

Ja, ich bin sehr feinfühlig

DU denkst vielleicht, ich bin manchmal seltsam…
ICH sage Dir, nur bei Herzensmenschen fühle ich mich frei,
denn auf Augenhöhe findet bedingungsloser Austausch statt.

Ja, ich bin sehr feinfühlig

DU denkst vielleicht, ich bin zu sensibel…
ICH sage Dir, Ja! Und ich bin im Herzen dankbar dafür,
denn so ist mir ein ehrliches, herzoffenes Leben möglich.

Ja, ich bin sehr feinfühlig

Nicole Seitz

Hochsensibel
Gabe oder Verwünschung?

Antwort:
Wie wir wollen...

In diesen Momenten, wenn der Schwamm mal wieder übervoll ist - wie ich es immer nenne - fühle ich mich, als wäre ich hier völlig fehl am Platze, als wenn ich hier absolut nicht hingehöre. Und ich wünsche mir nicht selten, zurück in die heile schöne Welt gehen zu dürfen, wo es einfach nur Licht und pure Liebe gibt. In diesen Momenten der Sehnsucht stelle ich mir bildlich vor, wie ich an der Himmelspforte klingele, nach dem Einlass der Engel meine flauschigen Pantöffelchen an der Garderobe anziehe, mich auf eine weiche Wolkencouch schmeiße, einmal tief

Feingefühl endlos

Ich sage immer:

> „Zu viel" Feingefühl hat Vorteile, hat Nachteile.
>
> Die **Vorteile** tragen aber immer die Überschrift
>
> „Herzenswärme".
>
> Da kann man die Nachteile doch
>
> auch in Kauf nehmen.

...und dennoch ist das eben häufig eine Herausforderung für uns selbst und für die Menschen um uns herum...

Inzwischen hört man das Wort „Hochsensibilität" auch immer öfter. Zugleich heißt es da, dass es sich hierbei nicht um eine Krankheit, sondern um eine Gabe handelt, die manchen Menschen für dieses Erdenleben mitgegeben wurde. Der Meinung bin ich zweifellos. Trotzdem macht uns diese Fähigkeit der absoluten Feinfühligkeit nicht immer unbedingt glücklich, im Gegenteil, wir denken manchmal, wir sind so nicht richtig. Bevor ich mich mit diesem Thema beschäftigt habe, empfand ich nicht viel anders. Mir hat es dann eben soweit schon mal geholfen, dass ich dem Kind endlich einen Namen geben konnte, also sich für mich gezeigt hat, dass mir „zu viel" Feingefühl bisher so manches im Kindes- wie auch im Erwachsenenalter nicht immer leicht gemacht hat. Und auch heute komme ich immer wieder mal an Momente, an denen ich mit mir hadere, weil es vielleicht gerade zu viel für mich ist oder aber Konflikte vermieden hätten werden können, wenn ich nicht so empfindlich wäre.

In den folgenden Kapiteln stelle ich dar, welche Eigenschaften und Empfindungen die Hochsensibilität mit sich tragen können. Natürlich trifft das wie bereits erwähnt so nicht bei allen gleich zu. Aber ich glaube, wer hochsensibel ist, wird sich hier bei dem ein oder anderen Punkt erkennen und zugleich besser verstanden fühlen. Allein das Gefühl des „endlich versteht mich jemand" wirkt tatsächlich ein Stück weit heilend, wie ich finde.

Empfindliche *Sinne*

Wir Feinfühligen sind durchweg auf „sensibel" programmiert. All unsere Sinne begleiten uns äußerst empfindsam durch das Leben, was dazu führt, dass sich der Schwamm relativ schnell füllt. Wir nehmen eben alles wie ein Staubsauger auf, selbst was nur in kleinster Dosis unterwegs ist.

Ob es unsere Nase ist, die bei vielen von uns bestens funktioniert. Dort wo sonst oft noch niemand den geringsten Geruch wahrnimmt, haben unsere Nasen längst genauestens erfasst, was in der Luft liegt.

So nehmen auch die Augen Licht empfindlicher auf, ganz besonders natürlich bei Sonnenschein. Viele werden hier vielleicht sagen, das ist ja normal, dass man in dem Fall eine Sonnenbrille braucht. Ich kann meine in diesem Moment brennenden Augen kaum aufhalten ohne diese Sonnenbrille und fördere so nur meine Faltenvermehrung, wenn ich keine trage.

Auch unser Gehör ist ausgesprochen empfänglich, was sicherlich gut ist. Allerdings wird es uns deshalb auch schnell mal zu laut bzw. schmerzen schrille, lautstarke Töne prompt im Ohr und wir haben sofort das Bedürfnis, uns die Ohren zuzuhalten. Und bei einer emotionalen Überreizung können die Ohren wie Scheuklappen zumachen, d.h. gefühlsmäßig wie betäubt sein oder auch rauschen. Ich behaupte mal, dies ist eines der Sinne hier, durch das wir am schnellsten überreizt sind. Es reicht ja manchmal schon, wenn eine Person vor sich hinsingt. Ich halte das nach kurzer Zeit kaum mehr aus. Natürlich meint es der andere nicht böse, im Gegenteil, derjenige hat vielleicht einfach nur gute Laune. Trotzdem sind dies Klänge, die unangenehm in den Ohren eines Hochsensiblen ankommen können.

Andererseits sind wir durch unser empfindliches Gehör leichter empfangsbereit. Wir nehmen so unter anderem Schwingungen wahr, die sich beispielsweise mit einem leisen Pfeifton bemerkbar machen. Das empfinde ich wiederum für mich als sehr angenehm. Ich lausche dem gerne aufmerksam und frage, ob mir damit vielleicht sogar etwas mitgeteilt werden möchte. Denn manchmal flüstern uns die Engel auf diese Art etwas zu... und wenn sie einfach nur im genau richtigen Moment sagen wollen „Wir sind da!".

Eindrücke und Energien
von Außen

Hiermit spreche ich sicher vielen Hochsensiblen aus dem Herzen: Ich mag keine Großstädte, keine Veranstaltungen mit Massen von Menschen, bin in vollen Geschäften und Supermärkten leicht überfordert. Für mich völlig verwirrend mit den enormen Eindrücken und Energien. Und manchmal genügt es ja bereits, wenn nur wenige Menschen beisammen sind und die Energien nicht unbedingt zusammenpassen. Oder es gibt auch Tage, an denen generell die unausweichlichen Kräfte fast berauschend durch die Lüfte schweben. Man hat das Gefühl, alle spielen verrückt. An meinem früheren Arbeitsplatz wussten meine Kolleginnen, dass ich das fühlen kann. An diesen Tagen haben sie dann gefragt „Nicole, kann es sein, dass es heute wieder soweit ist?", weil der Parteiverkehr oder weitere Kollegen entsprechend gereizt waren.

Ein Beispiel, wie mein Schwamm wieder einmal ganz rasch voll wurde:

Ich möchte mit Familie und Freunden in den Geburtstag reinfeiern… über den Tag stehen viele Vorbereitungen an, denn es soll ja alles sauber sein, gutes Essen auf dem schön gedeckten und hübsch dekorierten Tisch stehen, von allem ausreichend vorhanden sein und und und. Übrigens auch so eine mögliche Eigenschaft der Hochsensiblen, der Perfektionismus (dazu mehr auf Seite 43). Ich stehe also in der Küche. Meine lieben Kinder, mein damaliger Lebenspartner und meine liebe Schwester wimmeln um mich herum. Meine Kinder streiten wieder mal, meine Schwester redet nebenbei ohne Punkt und Komma über Gott und die Welt…

Für mich kaum auszuhalten. Die Folge von solch einer Überreizung: Kopfschmerzen (meist hartna/äckig im Nacken), Schwindel, Herz-Rhythmus-Störungen, Kurzatmigkeit, Nebel im Kopf, manchmal den Tränen nahe.

Was wir lernen dürfen

Entweder wir nehmen uns in dieser Situation eine kurze Auszeit, um wieder zu uns zu kommen. Oder wir versuchen, allen um uns herum liebevoll mitzuteilen, dass es gerade einfach zu viel ist und bitten darum, etwas Abstand zu nehmen. Da ist jedoch das Verständnis der Beteiligten gefragt. Jeder kann das vielleicht nicht verstehen – so auch meine eigene Erfahrung – und verurteilt den Betreffenden schnell. Deshalb ist es wichtig, Familie, Freunden, Kollegen mitzuteilen, dass man eben sehr sensibel ist und einem manchmal alles zu viel wird, manches anders auffasst bzw. gelegentlich anders reagiert, als es von einem erwartet wird. Ich bin mittlerweile soweit, dass ich mich von Menschen, die das absolut nicht verstehen wollen und mir dies dementsprechend zeigen, abgrenze und teilweise sogar verabschiede. WIR dürfen generell für uns entscheiden, wer in unserem Leben bleiben und wer eben gehen darf. Da macht es für mich auch keinen Unterschied ob Familie oder Bekannte, so hart das klingen mag. Aber ich habe einfach keine Lust mehr, mich für andere verbiegen zu müssen, um nach deren Vorstellungen zu leben. Wo es natürlich nicht immer so einfach ist, nämlich im Job. Denn da kommt man oftmals nicht so leicht aus. Hier können wir nur versuchen, möglichst bei uns, in unserem Herzen zu bleiben, um uns zu schützen. Und ich rufe in solchen Situationen auch sehr gerne die

Engel herbei. Dazu gehe ich unter „Schutz und Reinigung"
ausführlicher ein.

Und was Großveranstaltungen etc. anbelangt... ich persönlich
vermeide sowas größtmöglich oder ich besuche diese eher zu
Zeiten, wo ich weiß, dass nicht gerade Massen an Menschen
unterwegs sind. Natürlich verbringe ich genauso gerne mal Stunden
in großen Einkaufszentren und Fußgängerzonen. Hier fahren wir
jedoch so zeitig hin, dass wir dort sind, wenn die Geschäfte öffnen
und gehen wieder nach Hause, sobald gegen Nachmittag der
Ansturm immer größer wird. Zwischendurch gönnen wir uns eine
gemütliche Pause in einem Restaurant oder Café. So verleben wir
schöne Shopping-Tage, auf die meine Kinder und ich uns jedes Mal
freuen. Aber platt bin ich danach trotzdem jedes Mal. Ich würde
sogar sagen, ich fühle mich wie in Trance mit ziemlichen
Kopfschmerzen. Dabei hilft ganz einfach, sich zu Hause etwas
zurückzuziehen, um sich von den Fremdenergien zu befreien und
rein zu sich selbst zurückzukommen.

Wunsch nach
Harmonie

Meinem Empfinden nach sind wir grundsätzlich „harmoniesüchtig".
Durch Kleinigkeiten sind wir ziemlich schnell aus unserem
Gleichgewicht zu bringen, wenn dadurch die Harmonie gestört ist. Am
liebsten würden wir in einer rosaroten Wolke verpackt dahinschweben,
alles ist schön und in bester Ordnung und alle haben sich lieb. Da das im
Menschenleben nicht immer und überall möglich ist, kommt es leicht zu
Störungen im Harmoniefeld. Aber was führt dazu? Was mich blitzschnell
zum Wanken bringt, womit ich aber fast täglich konfrontiert bin, sind
meine streitenden Kinder. Jetzt würden viele sagen, das ist ja aber

normal, dass Geschwister streiten. Das stimmt, dies bestätigen mir natürlich auch alle Mamas. Aber wenn das Gezanke schon beginnt, sehe ich die Harmonie in großer Gefahr. Das fühle ich unangenehm am ganzen Körper. Deshalb würde ich das am liebsten sofort weghaben. So einfach geht das jedoch meistens nicht. Manchmal wird es ja sogar noch schlimmer und dauert an.

Generell fühle ich sofort, wenn irgendwo Streit in der Luft liegt. Das ist für mich immer eine sehr unschöne Energie. Ich will einfach keinen Streit. Ich selbst nicht, und genauso wenig will ich dabei zusehen bzw. in einer entsprechenden Energie mit drinhängen. Dazu folgt ein eigenes Kapitel „Für Streit nicht gemacht" auf Seite 40).

Ebenso ist für mich die Harmonie nicht mehr im Gleichgewicht, sobald ich in einer gemütlichen Runde bemerke, dass eine Person in sich gekehrt ist und sich nicht (mehr) am Gespräch beteiligt. Dafür hat diese sicher seine Gründe. Aber ich bin dadurch abgelenkt vom eigentlich sonst harmonischen Beisammensein. Was ist los, habe vielleicht ja ich etwas Unpassendes gesagt. Das sind Fragen, über die ich sofort nachdenke. Denn ich möchte zu gerne, dass es jedem gut geht und alle zusammen sich wohl fühlen.

Was wir lernen dürfen

Wir können niemals verhindern, dass es unter Menschen Konflikte gibt. Und wir sind genauso wenig verantwortlich für die

Stimmungsschwankungen anderer. Es ist generell unmöglich, die Harmonie fortwährend aufrecht zu erhalten, so sehr wir uns auch anstrengen. Wenn uns das wahrlich bewusst ist - nicht nur oberflächlich, sondern wirklich im Inneren - lassen wir uns nicht mehr zu sehr beeinflussen. Das einzig Richtige, was wir tun können ist, uns in solchen Momenten einfach abzugrenzen und in unserem ganz eigenen Energiefeld zu bleiben.

Hiermit erkläre *ich mich* für schuldig

Ich drücke es einmal so aus: Wenn der Partner mit dem kleinen Zehlein am Tischbein hängen bleibt und vor Schmerz aufschreit, ist es auch schon da, dieses schlechte Gewissen. Absolut nicht nachvollziehbar (für die, die nicht hochsensibel sind), aber eben für uns nicht unbedingt übertrieben. So ist es auch, wenn Partner, Freunde, Kollegen vielleicht mal einen nicht so wundervollen Tag haben und der Blick genau das ausdrückt mit der Botschaft „Sprich mich heute lieber nicht weiter an", sich also – **unserer Meinung nach** – komisch verhalten. Das ist mit unserem Gewissen so schwer vereinbar und es stellt sich auf der Stelle die Frage „Ohje, was habe ich getan?!!!". Gedanklich gehen wir noch einmal die letzte Begegnung durch und überlegen "Was könnte ich da falsch gemacht oder Unpassendes gesagt haben, was nun zu dieser „Reaktion" geführt hat?". Zudem saugen wir ja auch die Gefühle der anderen auf in unserem Schwamm. Diejenigen, die sich in unseren Augen eben so anders wie sonst verhalten, würden uns manchmal gar nicht verstehen, wenn wir sie darauf ansprechen. Für uns bricht dabei aber fast eine Welt zusammen. Und das hat auch nichts mit Erwartungen an andere zu tun oder dass man die Person für sich passend verbiegen möchte, sondern einfach nur mit zu viel Sensibilität. Damit verbunden die Angst, Fehler zu machen, anderen weh zu tun, eben der Grund für diese für uns unangenehme Situation zu sein.

Deshalb kann ich auch nur sehr schwer mit launischen Menschen umgehen. Diese sind nicht grundlos heute so und morgen so. Jeder hat seine ganz eigenen Themen und darf für sich selbst daraus lernen und diese auflösen. Deshalb bilde ich mir keinesfalls ein Urteil über deren Art. Aber ich kann die Menschen dann so schlecht einschätzen. Mit ihnen habe ich kontinuierlich ein schlechtes Gewissen, weil ich immer unsicher bin, ob ich nicht doch der Auslöser für die ungute Laune bin. Zugleich ist stets das Harmoniefeld gestört, weil die Energie ja nicht rein ist.

Ich empfinde das immer noch als eines der unglücklichsten dieser Gefühle hier. Einfach auch, weil es für mich generell das Schlimmste ist, jemandem lästig, unangenehm, zu viel zu sein. Ich ziehe mich dann (vorsichtshalber) lieber zurück in mein Schneckenhaus… zu mir. So gehe ich der Person aus dem Weg, bei der ich eben das Gefühl FÜR MICH habe, die will mich jetzt nicht sehen, nicht mit mir sprechen. Demzufolge gebe ich aber wiederum dem anderen das Gefühl, dass ich nun beleidigt bin. Das ist dann wie ein Kreislauf. Und durch so etwas kann es sich manchmal unnötig hochschaukeln.

Was wir lernen dürfen

Deshalb auch hier wichtig: Erstens den Menschen um uns herum - bei denen wir im Herzen das Gefühl haben, dass es bedeutend ist - mitteilen, dass wir hochsensibel sind. Zweitens können wir wieder nur fühlen, fühlen, fühlen... mit offenem Herzen bei uns selbst bleiben und uns das Ganze noch einmal mit etwas Abstand anschauen. Demzufolge ja oft mit ganz anderen Augen. Und falls man den Drang hat, die betreffende Person zu fragen, was denn los ist, so ist auch das richtig. Möglicherweise ist uns derjenige ja sogar dankbar, dass er mit uns sprechen kann.

So erkennen wir, dass die Situation vermutlich gar nicht so ernst ist, wie es im ersten Moment den Anschein hatte. Und es lässt sich folglich die ein oder andere überflüssige Konfliktsituation und vor allem ein unschönes Gefühlschaos vermeiden.

Heute schon mal
Nein gesagt

Da wir nicht selten mit diesen Schuldgefühlen zu kämpfen haben, ist es für uns aus dem Grund schwierig, NEIN zu sagen. Denn wenn ich Nein sage, könnte mir der andere ja böse sein. Und da wir harmoniesüchtig keine Schuldgefühle wollen – um beides in einem Satz zu sagen - antworten wir oftmals vorschnell mit einem Ja, obwohl doch eigentlich das Nein heraus wollte... und verraten dabei dann meist unser Herz. Dann dürfen wir auch mit den Konsequenzen leben, was heißt, es stinkt uns, weil wir etwas tun, das wir doch eigentlich nicht machen wollten. Oh, wie sehr ich genau das kenne...

Was wir lernen dürfen

Auf unser Herz zu hören. Es fällt mir genauso nach wie vor überhaupt nicht leicht, Nein statt Ja zu sagen. Aber ich versuche inzwischen in diesem Moment der Bitte des anderen erst einmal in mich hineinzufühlen mit der Frage „Mein Herz, was meinst du dazu?". Das kennt die Antwort prompt und zweifellos. Und ich schaffe es immer öfter, aus diesem inneren Gefühl heraus wahrhaftig zu antworten und bin dann so froh und erleichtert, dass ich jetzt nicht tun muss, um was ich gebeten wurde, wenn ich doch eben keine Lust dazu habe.

Ansonsten stellt euch doch mal in Situationen, in denen ihr euch unschlüssig seid, ob ihr wirklich Nein sagen dürft, die Frage: Was wäre das Schlimmste, was passieren könnte? Meist, dass die betreffende Person beleidigt ist oder sich gar verabschiedet. Nur meine Meinung ist inzwischen, wir sind nicht hier, um ständig irgendwelche Erwartungen zu erfüllen – außer wir tun das eben *von Herzen* gerne. Wer folglich wirklich eingeschnappt ist deswegen, darf es gerne sein. Vor allem meine Kinder halten diese Reaktion dann sowieso nicht lange durch und lernen eher etwas dabei. Und wenn dies dennoch genauso bei anderen der Fall sein sollte, finden auch sie schnell wieder heraus aus ihrer entsprechenden Stimmung. Falls nicht und die entsprechende Person verabschiedet sich deswegen, könnten wir es sowieso nicht aufhalten. Denn wir kennen ja die Geschichte mit dem Lebenszug, auf dem immer wieder Menschen ein- und auch aussteigen... die einen fahren nur für kurze Zeit mit, die anderen genießen es länger. Wer aussteigt, tut das sowieso; wenn nicht jetzt, dann bei der nächsten Gelegenheit, die sich dann vielleicht schon bald bieten wird. Das ist unabhängig davon, ob wir nun Ja oder Nein sagen auf eine Bitte hin. Und gleichzeitig zeigt sich für uns, was diese Verbindung doch eigentlich wert war.

Gefühlsübertragung

Unsere Gefühle fließen aus dem Innersten nach Außen. Genauso fließt alles von Außen wiederum auf uns zu. Damit meine ich nicht nur die Energien, die in der Luft hängen, sondern eben auch die Gefühlslage der Menschen, denen wir begegnen. Dabei lassen wir uns von der positiven, heiteren Stimmung des anderen natürlich liebend gerne anstecken. Jedoch gibt es da ja auch noch die gegenteilige Gemütslage, nämlich ganz einfach ausgedrückt die schlechte Laune. Und die erkennen wir nicht nur im anderen, sondern wir nehmen sie – sofern wir uns nicht schützen – voll und ganz in uns auf, lassen uns davon infizieren. Oft reicht schon eine flüchtige Begegnung im Supermarkt. Kennt ihr das Gefühl, in dem folgende Frage aufkommt: Wie kann es sein, mir ging es doch bis jetzt wirklich gut, warum fühle ich nun so anders. Das Gleiche gilt im Übrigen auch bei Gefühlen, wie Traurigkeit, Wut etc. Das alles saugen wir leicht in unseren eigenen Schwamm mit auf.

Was wir lernen dürfen

Für uns ist es immer wieder so wichtig, dass wir uns äußerlich schützen. Wie das realisierbar ist, erkläre ich ausführlich auf Seite 82.

Gleichzeitig ist es möglich, dass wir bei Ansteckung dieses "Gefühlsvirus" das Ganze einfach zurückgeben und somit schnell und rein wieder bei uns sind. Gehört mir nicht... hier hast du es wieder. Auf die Schnelle funktioniert das mit einem offenen Herzen auf Gefühlsebene sehr gut, indem man die Augen schließt, diese fremden Gefühle in eine Tüte oder auch in einen Luftballon packt, vielleicht noch, falls bekannt, mit dem Namen der betreffenden Person beschriftet, gut verschließt und dem anderen schlichtweg, aber liebevoll in die Hand drückt.

Es kann jedoch gut möglich sein, dass wir solche unguten, belastenden Gefühle schon sehr lange mit uns herumtragen, was uns dann aber wohl eher selten bewusst ist. Sogenannte Fremdgefühle, die wir vielleicht von der Mutter, vom Opa, von einem Ex-Partner oder sogar von Ahnen, die uns gar nicht präsent sind, übernommen haben. Um diese offenen Herzens zurückgeben zu können, gibt es eine Technik, die in einem ganz tollen Buch von *Safi Nidiaye* beschrieben ist (Buchempfehlungen auf Seite 104).

Ansonsten kann uns hierbei auch eine Seelenaufstellung sehr gut helfen, die ich generell aus eigener Erfahrung absolut empfehlen kann.

Lügen und alles
was dazu gehört

Und so fühlen wir genauso beim anderen meist ganz genau, wenn er lügt. Eines schon mal vorweg, Hochsensibel und Lügen passt meiner ganz eigenen Meinung nach gar nicht zusammen. Mir sieht man das kleinste Flunkern bereits an, weil ich es mit meinem Innersten gefühlsmäßig gar nicht vereinbaren kann. Und große Lügen würden gar nicht gehen. So wünsche ich es mir aber auch von den Menschen um mich herum, nämlich dass sie immer ehrlich sind. Dass das bei Kindern natürlich nicht so funktioniert, weiß ich aus eigener Erfahrung. Und irgendwie gehört das zum Kindsein dazu, dass man dann durch das aufkommende schlechte Gewissen nicht immer die Wahrheit sagt – auch wenn meine Kinder bei mir da stets sehr gut davon kommen... Doch möchte ich generell sagen - und das gebe ich eben meinen Kindern genauso schon mit: Lieber ehrlich und vielleicht mit der ein oder anderen Konsequenz leben, als zu lügen.

Leider gibt es aber eben nicht nur ehrliche erwachsene Menschen. Das ist zugleich ein Grund, warum wir oft misstrauisch sind (im nächsten Kapitel ausführlicher dargestellt), weil wir Angst davor haben, angelogen zu werden. Weil es für uns etwas Tragisches ist. Das hängt vielleicht einfach auch mit dem Gefühl von Ohnmacht zusammen, wenn sich herausstellt, dass Gesagtes nicht gestimmt hat und wir es einfach so geglaubt haben.

Selbes gilt übrigens auch bei Ironie. Das bringt uns zum Wanken und erzeugt ein unsicheres Gefühl. Wir fühlen uns buchstäblich verarscht. Egal ob aus Spaß oder ernsthaft gemeint – es war so oder so nicht die Wahrheit. Und dass ich Unwahres geglaubt habe, das beschäftigt mich danach durchaus länger. Daraus entstehen ebenfalls – was auch sonst - wieder Schuldgefühle in mir an mich selbst.

Ein Beispiel, wie ich es vor einiger Zeit erlebt habe:

Ich stehe mit meinen Kindern in einem Drogeriemarkt und bekomme auf meinem Handy einen Anruf mit einer mir nicht bekannten Nummer. Der Herr am Telefon teilte mir mit, dass er von der Polizei sei und dass ich heute geblitzt wurde. Außerdem stellte er mir die Frage, warum ich kein Nummernschild bei mir habe. Das hatte ich eigentlich von außen gut sichtbar auf dem Armaturenbrett liegen, weil ich an dem Tag zum Ummelden meines Autos musste. Mir wurde heiß und kalt gleichzeitig, sofort Schuldgefühle und der Vorwurf an mich, „Was habe ICH bloß Schlimmes getan?". Ich wusste gar nicht mehr, was ich sagen sollte. Nach kurzem – meinerseits gestottertem – Hin und Her und einem gefühlt bevorstehenden Herzinfarkt stellte sich heraus, dass es ein mir Bekannter war, den ich aber erst mal absolut nicht erkannt habe an der Stimme. Er hat sich einfach ein Späßchen gegönnt und wollte mich eigentlich etwas Belangloses fragen. Wie riesengroß die Erleichterung nach diesem Telefongespräch für mich war, ist glaube ich nachvollziehbar. Und natürlich war ich ihm keinesfalls böse deswegen. Alles gut.

Nur leider haue ich mir nach so etwas selbst den Hammer auf den Kopf, weil ich das geglaubt habe, weil ich darauf reingefallen bin. Was denkt die Person nun von mir, wenn ich so "blöd" bin und ihr das abnehme. So lauten dann meine Gedanken. Ich weiß, völlig unverständlich für alle, die nicht so empfindlich sind. Aber ich stelle das so durchaus nicht übertrieben dar, es kommen genau diese Empfindungen und Gefühle hoch.

Was wir lernen dürfen

Im nächsten Kapitel mit beschreiben, da diese beiden inhaltlich verbunden sind.

Vertrauen

ist leichter gesagt als gegeben

Das Wichtigste in einer Beziehung – wissen wir alle – ist das Vertrauen. Ganz egal ob es sich um eine Verbindung mit dem Partner, mit den Kindern, mit Freunden, ja sogar mit dem Chef handelt. Jedoch, so gerne ich für mich es einfach nur weghaben möchte, bin ich wie wohl die meisten der Hochsensiblen grundsätzlich ein misstrauischer Mensch. Für die Mitmenschen oftmals natürlich sehr unangenehm. Und weil wir eh schon von vornherein misstrauisch sind, interpretieren wir zudem vielleicht noch unüberlegt bzw. „ungefühlt" etwas hinzu, obwohl uns bei offenem Herzen unser Gefühl ja immer die tatsächliche Wahrheit erzählt und niemals täuscht. Dennoch können wir manchmal leider nicht anders und es entstehen unschöne Streitsituationen. Unser Gegenüber kann erst mal nur noch sprachlos den Kopf schütteln. Das ist absolut verständlich, denn wir wollen ja genauso wenig etwas hingeknallt bekommen, von dem wir genau wissen, dass es so nicht wahr ist und es wird uns trotz allem einfach nicht geglaubt bzw. vertraut.

Und was das alles dann nicht besser macht... wie oft habe ich früher in solch einer Situationen samt meinen eingebildeten eigenen Märchen auch noch Nachrichten an die betreffende Person verschickt, weil ich eben wieder mal misstrauisch war oder mich ungerecht behandelt gefühlt habe. In dem Moment schießen gefühlsmäßig Blitze durch den Kopf. Und ich konnte vielmals leider nicht anders, als wie wild mit

Worten um mich zu schlagen. Und das im Endeffekt eigentlich nur, um mich ganz schnell vor dem anderen zu „schützen".

Der Grund, warum das immer wieder passiert, dass wir uns in so eine Lage hineinkatapultieren, ist eine riesengroße Angst vor Enttäuschung, Ohnmacht, Hilflosigkeit. Um dieser Angst den Wind ein wenig aus den Segeln zu nehmen (zumindest oberflächlich), vertrauen wir dem anderen grundsätzlich schon mal nicht so ganz zweifellos. Dann sind wir nämlich emotional schnell bereit für die aufkommenden Gefühle, wenn wir vielleicht doch verlassen, entlassen, ausgegrenzt werden. Wir meinen, dann tut es nur halb so weh, denn „Ich wusste ja, ich kann Dir nicht vertrauen... ok beenden wir unsere Beziehung doch gleich". Wenn wirklich die Zeit für diese Trennung ist oder wir beispielsweise nicht den Partner haben, der mit uns in solchen Situationen entsprechend gefühlvoll umgehen kann und deshalb dann die Flucht ergreift, haben wir somit unserer ganz eigenen Meinung nach vorweg übernommen, was der andere doch eh schon längst vorhatte. Und so werden wir gefühlsmäßig nicht dessen Opfer. Weinen oder leiden können wir ja später immer noch, wenn es die betreffende Person nicht sieht.

Was wir lernen dürfen

Ein gewisses Maß an Misstrauen ist sicher nicht von Nachteil, es dient uns zum Schutz. Denn wie gesagt, nicht alle meinen es wirklich ernst oder gut mit uns. Jedoch ist es für die, die eben ehrlich mit uns umgehen, nicht schön, wenn wir ihnen grundsätzlich misstrauisch gegenübertreten. Auch hier kann ich nur wieder mal sagen, unser Herz kennt die Wahrheit. Je mehr wir offenen Herzens bei uns selbst sind, umso eher können wir wahr gegen unwahr entscheiden.

Und da wir eben nicht davor gefeit sind, mal einer Unwahrheit zu begegnen, ist ein Gedanke ganz hilfreich: **Hierbei haben nicht wir eine Aufgabe zu lösen, sondern unser Gegenüber. Das heißt, wir sind da eigentlich fein raus und können das Ganze einfach und schnell abhaken, ohne uns Schuld zuzuweisen.**

> Wahrheit ist Herzenssache. Lügen ist Egosache.
> Wir sind aber Herzensmenschen.

Für Streit
nicht gemacht

Auslöser für Streitigkeiten können oft Kleinigkeiten sein. Hauptsächlich geht es hier um gegenseitige Schuldzuweisungen. Zumindest fassen wir es stets so auf. Und für mich heißt das dabei nicht, dass ich meine „Schuld" nicht einsehen möchte – im Gegenteil, davon nehme ich ja wie erwähnt mehr als genug auf mich. Nein, es geht immer nur darum, dass ich doch eigentlich gar nichts falsch machen möchte. Und wenn es doch passiert, ist es schwierig, mit eben diesen daraus entstandenen Schuldgefühlen wieder umzugehen. Wir fühlen bei Vorwürfen oder auch kleinsten Hinweisen – beispielsweise, dass etwas vielleicht nicht so gut oder richtig war - jedes Mal einen giftigen Giftpfeil auf uns zukommen. Folglich verriegeln wir die Herzenstür erst mal schnell. Das ist eine Art Kettenreaktion: Zack, Schuldgefühle… zack eventuell noch etwas mit hineininterpretieren… zack fetter Streit… zack schnell Türe zu… Und dann wird es immer schwieriger, den Weg wieder herauszufinden aus dieser unschönen Lage. Am kleinen oft harmlosen Anfang wäre es noch so leicht gewesen, aber da konnten wir es nicht. Jetzt können wir erst recht nicht mehr. Deshalb ab ins Schneckenhäuschen, da geht es mir mit mir wenigstens erst mal gut.

Was wir lernen dürfen

Ich bin mittlerweile immer öfter soweit, dass ich in dem Moment, in dem es wieder zu Brodeln beginnt, erst einmal abwarte, zu mir selbst gehe und nicht sofort handele. Und in den meisten Fällen verläuft dann nämlich alles friedlich im Sande. Es löst sich vieles in Luft auf, weil es gar nicht so (schlimm) war, wie ich es eben aufgefasst habe. Wenn man das stets rechtzeitig erkennt: Wieviel schöner und friedlicher ist es da für einen selbst und für die Menschen um uns herum! Somit fällt es uns auch von Mal zu Mal zunehmend leichter.

Falls es aber doch zur Hakelei kommen sollte, können wir nicht jedes Mal von unserem Gegenüber erwarten, dass er diese Situation auflöst, indem er auf uns zukommt. Auch da dürfen wir über diesen Schatten springen, die Herzenstüre von innen wieder öffnen und sobald wir bereit sind, das befreiende Gespräch suchen.

Bei dem Ganzen hilft mir auch ganz oft mein *Herzensgarten.* Das von mir verfasste Gedicht ist auf Seite 107 zum Ausschneiden zu finden. Ich sehe mich dann visuell in diesem *Herzensgarten* sitzen, komme so oftmals schön zu mir und erkenne die Wahrheit. Aus diesem Gefühl heraus kann ich zur betreffenden Person gehen, um in die wohlige Harmonie zurückzukommen. Und nachdem wir eben sowieso ungern in einer unharmonischen Energie stecken, sind wir ja doch oftmals schnell bereit, das Ganze nach einer kurzen Aussprache aufzulösen und – falls uns denn wirklich Unrecht getan wurde – zu verzeihen.

Perfekt
tut doch so gut

Also ich fühle mich am wohlsten, wenn um mich herum alles geordnet ist. Ich liebe schöne Deko und aufgeräumte, saubere Wohnräume. Aaaaber... ich habe eben Kinder, und die sehen das halt etwas anders mit der Ordnung (bei meiner Tochter zumindest außerhalb ihres eigenen Zimmers). Und an manchen Tagen verbreite ich ja sogar selbst Chaos mit meiner Malerei. Alles steht dort verteilt, wo ich mit meinen Farben und Pinseln unterwegs bin, und es wäre schön, wenn es schnellstmöglich am gleichen Tag noch fertig wird - ansonsten liegt das Zeug noch länger rum. Ja, und leider macht sich das bisschen Haushalt eben auch nicht wirklich von alleine, wie es in einem bekannten Schlagerlied heißt. Wenn aber die Zeit wieder mal nicht für alles reicht, liegt die Wäsche länger, bis sich dann schon alle meine Lieben ihre Sachen, die bereits in ihren Kleiderschränken fehlen, eigens vom Wäscheständer im Keller oder aus dem Korb holen, der irgendwo in der Gegend herum steht... oder es sind Gläser in der Küche, die längst gespült werden sollten und sich inzwischen sammeln. Also Stück für Stück wächst die Unordnung, die eben manchmal nicht so einfach zu bewältigen ist und somit im Außen gnadenlos auf den Schultern eines feinfühligen Menschen lastet.

Ja und wenn wie erwähnt Besuch ansteht, soll NATÜRLICH ALLES schön, sauber, festlich dekoriert und ausreichend an Speisen vorhanden sein.

Damit beginnt er wieder der Druck, den man sich jedoch ja meist selber macht. Denn mal ehrlich, wenn wir irgendwo zu Besuch sind, schauen wir doch auch nicht, ob alles sauber geputzt ist, ob die Fenster Kinderhände- oder Fellnasen-Kunstabdrücke haben, ob das Besteck richtig liegt und so weiter. Also ich nicht... und ich glaube, unsere Gäste auch eher selten bis gar nicht. Falls doch, ist das deren Auffassung, die nicht zugleich etwas mit uns zu tun haben muss.

Früher habe ich auch noch alles an Essen weitestgehend selbst zubereitet. Zum Kaffee mindestens zwei Kuchen gebacken – wobei ich das meistens immer noch mache, einfach weil es mir wirklich Spaß macht. Bei Brotzeiten sollte schon der hausgemachte Fleischsalat statt dem genauso leckeren vom Metzger und neben einer Wurst- und Käseplatte noch die beliebten kleinen Schnitzelchen und Hackbällchen am Tisch stehen. Und für später musste natürlich zudem ein leckerer Nachtisch bereitstehen und und und... und das alles selbstverständlich nicht „nur schön", sondern wenn dann schon äußerst kreativ angerichtet. Mittlerweile bin ich stolz auf mich, dass ich diesen Drang nicht mehr ganz so intensiv habe und auch mal das ein oder andere (in guter Qualität) fertig kaufe bzw. der Pizza-Service sogar liefern darf. Ich kann inzwischen vieles gelassener sehen. Und selbst so reicht es für mich noch soweit, dass sich der Schwamm relativ schnell füllt.

Genau das, was ich in den letzten Zeilen geschrieben habe. Und wir dürfen zudem auch mal Hilfe von der Familie, von den Besuchern annehmen, die uns diese ja mehrmals bereitwillig anbieten – so meine Erfahrung. Aber man denkt in dem Moment, alles selbst machen zu müssen. In erster Linie natürlich, um die Gäste nicht zu belasten und damit die für uns daraus entstehenden Schuldgefühle abzuwenden. Aber auch, dass ja alles unseren perfekten Vorstellungen entspricht, wo die anderen das doch sicher ganz genauso gut können.

Was die häusliche Umgebung betrifft: Zweifellos ist es für uns verwirrend, wenn das äußere Umfeld nicht so geordnet ist. Aber, es macht keinen Sinn - sofern wir nicht allein leben -, sich daran aufzuhängen und sich und den Mitbewohnern somit das Zusammenleben schwer zu machen. Deshalb ist es empfehlenswert, hier etwas mehr Lockerheit hineinzubringen. Wie wäre es, ein oder zwei bestimmte Tage in der Woche für das Aufräumen und Ordnen der Wohnräume zu bestimmen. Das schafft eine Struktur und somit eine äußerliche und folglich auch innerliche Ordnung im Leben. Und wenn ich mich trotz allem nicht selten noch dabei ertappe, dass ich selber den Tisch decke, die Spülmaschine ausräume und so weiter, um meine Kinder in ihrer Freizeit neben der Schule nicht zu sehr zu belasten – so kann ich sie doch immer öfter darum bitten, solche Kleinigkeiten zu tun. Dass die Freude nicht jedes Mal riesig ist, ist ganz klar. Mein schlechtes Gewissen wird dabei aber immer kleiner. Denn eigentlich tue ich somit mir UND sogar den beiden eher etwas Gutes damit.

Das *kenne ich*
aber schon

Als ich vor kurzem mit meiner Tochter nach Kempten zum Shoppen gefahren bin, sagte sie „Mama, wir könnten doch mal in dieses Parkhaus fahren, das wäre noch näher am *Forum*". Also so viel vorweg, ich parke grundsätzlich nicht unbedingt „vor der Türe", da es dort meistens zu eng und hektisch zugeht. Noch dazu habe ich kein Problem damit, ein paar Schritte zu laufen, da ich jeden Tag dankbar bin, dass ich es (schmerzfrei) kann. Der eigentliche Grund jedoch, warum ich in dem Fall das Parkhaus nicht gewählt habe, war ganz einfach der, dass ich bisher immer in dasselbe gefahren bin und dieses eben mittlerweile kenne. Es ist mir vertraut. Ein Beispiel von vielen. Ich verlasse grundsätzlich ungern das Gewohnte, weil ich mich so einfach sicher fühle.

Und da gibt es für mich auch nichts weiter zu lernen. Neues stresst mich nun mal eher, wenn auch nicht mehr so sehr wie früher. Falls ich jedoch die Wahl habe, entscheide ich mich nach wie vor für die Variante (Ort, Strecke, Situation), welche mir wohlbekannt ist.

Die Sache mit dem Schenken (lassen)

Ich persönlich verschenke immer schon lieber an alle um mich herum, als dass ich etwas von anderen geschenkt bekomme. Genauso kann ich mit (geschenktem) Lob nur schwer umgehen, weil ich darauf nicht so leicht Worte finde – meine ich dann zumindest. Ich fühle mich damit fast in eine Ecke gedrängt. Und das mangelnde Selbstvertrauen, das uns ja ebenfalls mitgegeben ist, trägt gleichfalls seinen Teil dazu bei, weshalb wir ehrlich gemeintes Lob nicht annehmen können. „ICH habe das doch gar nicht verdient" lauten da nicht selten die Gedanken.

Inzwischen glaube ich eben, dass auch das eine Eigenschaft von vielen Hochsensiblen ist. Anderen etwas Gutes tun oder Lob aussprechen fühlt sich so gut an. Aber selbst möchte ich bitte nichts haben. Denn, so unglaublich sich das auch anhört, das bringt einen Feinfühligen leicht aus seinem Konzept. Wenn unser Gegenüber das erkennt, macht das natürlich den Anschein, als würden wir uns vielleicht gar nicht freuen. Und danach dreht sich das Gedankenkarussell, ob wir aus unserer Sicht nun richtig reagiert haben. Generell benötigen Freudenmomente ebenso wie unangenehme Momente anschließend ihre emotionale Verarbeitungszeit. Wir gehen die Situationen mit einem leichten Nebel im Kopf oder wie im Rausch immer wieder durch, denken über Gesprochenes nach, drücken sozusagen auf Repeat und lassen den Film immer wieder ablaufen mit der Frage „Habe ich mich auch wirklich richtig verhalten?". Und wenn WIR MEINEN, dass das nicht der Fall war, hängen wir uns lange Zeit mit einem schlechten Gewissen daran auf. Und somit sind wir auch wieder bei den lieben Schuldgefühlen.

Was wir lernen dürfen

Kurz gesagt: Annehmen! Denn auch die anderen haben Freude daran, uns etwas zu geben. Der Fluss kann hier nicht nur in eine Richtung gehen, es sollte stets gegenseitig fließen. Geben und Nehmen. Und wenn wir immer auf unserer Stirn geschrieben haben „Ich möchte bitte nichts!", senden wir es so auch aus. Das heißt, nicht jeder ignoriert das und gibt uns trotzdem, weil er es einfach grundsätzlich von Herzen gerne tut. Nein, wir senden schließlich die Energie aus und bekommen dann schlichtweg wirklich nichts. Und wenn wir ganz ehrlich sind, ist es ja doch schön, etwas zu empfangen und wir sind insgeheim vielleicht doch manchmal ein klitzekleines bisschen enttäuscht, leer auszugehen. Damit meine ich nicht unbedingt Geschenke in Form von Materiellem. Es ist einfach auch schön, liebe Worte, kleine Gesten etc. geschenkt zu erhalten, die unser aller Herzen erwärmen. Und wenn wir es dort, im Herzen, auch in Empfang nehmen, können wir gar nicht als undankbar oder nicht erfreut rüberkommen. Was von Herzen verschenkt wird, kommt auch im Herzen an und fließt nochmals durch unsere wahre Freude in das Herz des anderen zurück. Was für ein wundervoller Kreislauf.

Mo	Di	Mi	Do	Fr	Sa	So
		1	2	3	4	5 Palmsonntag
6	7	8	9 Gründonnerstag	10 Karfreitag	11	12 Ostersonntag
13 Ostermontag	14	15	16	17	18	19
20	21	22	23	24	25	26

April

Hilfe, ich habe *einen Termin!*

Für mich ein riesen Thema: Termine!!! Allein bei diesem Wort schellen bei mir sämtliche Alarmglocken. Ein bevorstehender Termin am Tag und dieser Tag ist nicht mehr, was er einmal war. Ich bin an diesen Tagen oftmals nicht fähig, irgendetwas Produktives zu machen. Ich habe nur diesen einen Termin im Kopf, der mich durchgehend verfolgt, einfach so aus der Tagesbahn wirft. Und noch folgenschwerer ist es ja gefühlsmäßig, wenn es sich um einen unangenehmen Termin handelt, sei es der Zahnarztbesuch, ein Gespräch mit dem Steuerberater etc. Oder es häufen sich Termine vermischt mit weiteren Verpflichtungen.

Als wir in die neue Gegend gezogen sind, hat sich herausgestellt, dass es für meine Kinder keinen Schulbus gibt, da der Weg zur Schule zu nah ist... und doch ist er auch zu weit und viel schlimmer, durch eine vielbefahrene Bundesstraße, die sie überqueren müssen, gleichfalls zu gefährlich, um sie laufen zu lassen. Also blieb mir nichts anderes übrig, als sie täglich zur Schule zu fahren. Manchmal waren Unterrichtsbeginn und -ende auch noch unterschiedlich bei den beiden. Außerdem hatte meine Tochter zweimal, mein Sohn einmal die Woche Nachmittagsschule... Später ging es mit Fußballtraining, Treffen der Freunde und so weiter los. An manchen Tagen bin ich fünf- bis siebenmal hin und her gefahren. Und zwischendurch musste auch der ein oder andere Termin wahrgenommen werden. Ach ja, und ich wollte zugleich den Haushalt, meine kreativen Arbeiten usw. schaffen...

Solche Tage lassen das Fass ganz schnell überlaufen bzw. ist so der Schwamm dann einfach rasch voll und keinesfalls mehr aufnahmefähig... trotzdem „muss" es irgendwie gehen...

...nein, es darf ganz leicht gehen, denn es ist möglich, diese Tage bunt zu gestalten, sich nicht von diesem unguten Gefühl mitreißen zu lassen. Termine oder Verpflichtungen kommen so oder so – egal ob wir uns gedanklich daran aufhängen oder loslassen und offenen Herzens bereit sind, den Tag so anzunehmen wie er ist, diesen frei und voller Freude laufen zu lassen. Ja und warum nicht gerade dann zwischendurch vielleicht ein paar kleine *Zuckerl* einbauen, sich etwas gönnen, was man gerne hat oder tun, was Spaß macht. Vor allem, wenn es sogar noch Zeit ist bis zu unserem Termin, weil dieser vielleicht erst am Abend stattfindet. Auch diese Stunden davor sind Stunden UNSERES Lebens, die so kostbar sind. Genießen wir sie, nehmen sie an, wie sie sind und schieben nicht alles was eigentlich an Schönem zu uns kommen möchte einfach weg, nur weil Ego-Gedanken an einen Termin - der ein kleiner Bruchteil des Tages bzw. unseres Lebens ist - versuchen, uns den Tag zu versauen.

# *Telefonieren* nur
wenn es sein muss

Vielleicht geht es euch auch so... Telefonieren... ich! mag! es! einfach! nicht! Viele können das natürlich nicht verstehen, weil es für sie das normalste auf der Welt und oft der kürzeste Weg für einen Informationsfluss ist. Das mag sicherlich stimmen, aber ich bin und bleibe der Schreiber. Nur fragen sich hier manche, aus welchem Grund vermeidet man Telefongespräche? Weil ich etwas Falsches sagen könnte, Gefragtes nicht wissen könnte, mich nicht richtig ausdrücken könnte, somit einen schlechten Eindruck machen könnte. Beim Schreiben kann ich beliebig oft korrigieren, alles verständlich und gut (perfekt...) formulieren, gegebenenfalls noch etwas nachschauen. Da habe ich Zeit, die richtigen Worte zu finden. Beim Telefonieren muss ich sofort passende Worte parat haben und fühle mich dabei nicht wohl oder teilweise mehr oder weniger überrumpelt. Gleiches gilt im Übrigen für Sprachnachrichten. Bei mir dürfen sich die Empfänger oftmals auf lange Texte freuen, denn mitteilungsfreudig bin ich ja schon, aber ich werde diese nicht gesprochen übersenden.

Was wir lernen dürfen

NICHTS meiner Meinung nach. Und mehr kann ich dazu eigentlich auch gar nicht mehr sagen, denn ich finde es völlig ok, wenn ich sage: Ich bleibe so gut es geht beim Lieberschreiben! Und falls es sich nicht vermeiden lässt mit dem Telefonieren, dann schaffe ich es auch immer besser, mir da keinen Stress zu machen. Je weniger Gedanken wir uns machen und je mehr wir auch hier aus dem Herzen heraus offen sprechen, desto weniger aufregend verläuft das Gespräch.

Kopfschmerzen
hart"näckig" im Nacken

WIE LANGE habe ich mir den *Kopf zerbrochen wegen meiner Kopfschmerzen*, die ich immer wieder mal habe. Hört sich so formuliert ja eigentlich witzig an, aber natürlich ist das keinesfalls angenehm. Jahrelang fragte ich mich und habe ich um Hinweise gebeten, welches Thema ich denn deswegen noch auflösen muss – und ob karmisch oder aus diesem Leben – damit diese meist hartna/äckig im Nacken festsitzenden Kopfschmerzen endlich aufhören. Zugleich mache ich mir meine Zähne mehr oder weniger kaputt, weil ich diese oftmals zu fest zusammenpresse, was ja wiederum mit dem Nacken zusammenspielt.

Seit ich mich mit dem Thema Hochsensibilität beschäftigte, ist mir erst so richtig bewusst, was man als feinfühliger Mensch eben so alles aufsaugt den ganzen lieben langen Tag, wie oft der Schwamm durch alles was ich die Seiten zuvor beschrieben habe mehr als voll ist. Und das hängt dann ganz klar auch im Kopf fest, lastet wie ein tonnenschwerer Sack im Nacken und lässt uns außerdem die Zähne zusammenbeißen, um sich eben mit diesem Sack durchzubeißen und den Kopf möglichst oben zu halten...

Diese Erkenntnis und damit das Ende der Suche nach der Ursache haben mir schon mal ein Stück weit geholfen. Denn wenn man zumindest den Grund kennt, ist das ja schon der Beginn zur Veränderung – vorausgesetzt man ist dazu bereit. Deshalb versuche ich auch die jeweiligen Tipps aus meinen eigenen Erfahrungen zu geben, damit wir lernen können, unsere entsprechenden Anspannungen ein wenig zu lösen. Und das funktioniert ganz gut.

Ein Zwischenbericht, während ich das Buch schreibe:

Bevor wir ins Allgäu gezogen sind, war ich 26 Jahre bei einer Stadtverwaltung beschäftigt. An unserem neuen Wohnort habe ich nach längerer Suche einen Job als Bürokraft begonnen, auf den ich mich riesig freute. Schon nach wenigen Tagen war die innere Freude jedoch leider rasch verfolgen. Die Chefin dort hatte eine für mich sehr unangenehme, schroffe Art. Sie gab mir ständig das Gefühl, alles sofort können zu müssen, immer noch mehr, immer schneller – und dies ohne viele Nachfragen meinerseits, denn davon war sie leicht genervt. Da man als feinfühliger Mensch eben stets korrekt und zugleich nicht lästig sein möchte, habe ich unter höchster Anstrengung fortwährend versucht, alles möglichst allein zu schaffen und mich sehr bemüht, bei kurzen Unsicherheiten herauszufinden, wie es gehen könnte. Das machte mich fast kaputt, es sind schnell gesundheitliche Probleme aufgetreten. Ich ging täglich mit Tränen in den Augen und Bauchscherzen da rein und wie in Trance wieder heraus.

Als ich meine Chefin nach acht Wochen darauf ansprach und ihr mitteilte, dass es für mich einfach nicht mehr machbar ist, weil ich mit ihrer Art nur schwer umgehen kann, war die Reaktion Unverständnis. Auf die Details des Gespräches möchte ich hier nun nicht weiter eingehen, aber ich habe immer wieder versucht, ihr zu verstehen zu geben, dass sie nicht verkehrt sei – ich aber auch nicht. Und dass jeder Mensch anders ist, jedoch eben nicht alle auf einer Wellenlänge schweben. Ich glaube, sie konnte es trotzdem nicht nachvollziehen. Und ein Satz von ihr traf mich erst einmal sehr: „Da hast du aber schon ein persönliches Problem, wenn du so empfindlich bist!". Und auch sonst wurde mir so nebenbei gesagt, dass ich das alles nicht richtig sehe und schlussendlich zu sensibel bin. Ein weiterer Satz war noch, als ich eine Situation zwischen ihr und mir und ihre äußerst unsanften Worte dabei schilderte: „Soll ich etwa dabei singen, wenn ich dir das sage?"

Sie schaffte es so, dass ich während des Gespräches und auch einige Zeit danach noch das Gefühl hatte, nicht richtig zu sein. In diesem Moment verfluchte ich diese Hochsensibilität für einen kurzen Augenblick. Ich bildete mir ein, nie mehr einen normalen Job machen zu können, weil ich hochsensibel bin und mit niemandem mehr klarkomme. Während der Debatte überlegte ich noch kurz, ob es vielleicht wirklich nur an mir liegt, dass es nicht funktioniert hat. Deshalb war ich mir erst einmal unsicher und bat plötzlich um ein paar Stunden Bedenkzeit, um das Ganze nochmal wirken zu lassen – obwohl mein Herz eindeutig signalisierte, versuche da schnellstmöglich rauszukommen. Als ich zu Hause war und etwas Abstand davon hatte, wurde mir ganz schnell wieder klar, dass ich einfach nur erleichtert bin, wenn ich nie mehr dorthin muss.

Auch die Gedanken, dass ich wohl niemals mehr mit Chefs und Kollegen klarkommen werde, konnte ich dann ganz schnell wieder verwerfen. Ich habe in den 26 Jahren zuvor verschiedenste Ämter und Sachgebiete durchlaufen und immer wieder andere Chefs und Kollegen angetroffen. Dass man nicht mit allen auf einer Wellenlänge schwebt, ist eben ganz klar, aber so hat dort keiner mit mir gesprochen bzw. mir das Gefühl wie hier beschrieben gegeben.

Nachdem ich wieder zu mir gekommen war, wusste ich, dass mit mir alles in Ordnung ist. Aber auch mit der Frau war alles in Ordnung. Und ich bin ihr in keinster Weise böse. Wir werden immer wieder auf Menschen treffen, mit denen wir nicht klarkommen, die etwas in uns auslösen, die uns vielleicht etwas sagen möchten. Das sind wahre Lehrer. Ihnen dürfen wir sogar dankbar sein. Auch wenn es sich verrückt anhört und uns das hin und wieder etwas schwerfällt.

Und doch stellt sich mir in solchen Augenblicken wie zuvor beschrieben schon manchmal die Frage:

Hochsensibel und so ganz „normal" leben …ist das möglich?

Ich habe während des Schreibens gesagt „Die Menschen, die das Buch lesen und nicht hochsensibel sind, die denken sich „?!#&?"…
…oder aber sie entwickeln das Verständnis, das wir Hochsensiblen oft vergeblich suchen, welches uns in dieser immer noch zu kopfverkrampften Welt nicht mehr so allein sein und an uns zweifeln lässt. Euch möchte ich an dieser Stelle von Herzen mitteilen:

♥ *DANKE an euch ALLE* ♥

Ihr, die mit uns verständnisvoll umgehen können

und uns mit offenem Herzen begegnen.

Nach den Kapiteln bis hierher kommen wir nun zum richtig angenehmen Teil, nämlich zu dem, was uns doch eigentlich wirklich ausmacht und mit der Hochsensibilität letztendlich sehr gut leben lässt, denn:

Wir sind feinfühlige Herzensmenschen!

Diese Kombination lässt uns mit offenem Herzen und unserer ausgeprägten Empfindsamkeit eine hell leuchtende Sonne für die Menschheit sein. So sehnen wir uns zwar wiederum nur noch nach genau diesen Menschen und möchten eigentlich nur noch SIE um uns haben. Jedoch sind es meiner Meinung nach leider immer noch viel zu wenige. Nichtsdestotrotz kann ich gar nicht mehr anders, als als Herzensmensch weiterzugehen, weiter hell zu leuchten und zu versuchen, andere anzustecken. Und wenn auf ein Lächeln ein Lächeln zurückkommt, ist ein kleiner heller Funke übergesprungen. In diesem kleinen Moment haben wir schon etwas weitergegeben. Mich freut das so sehr im Herzen.

Und wenn man dann noch als Herzensmensch einem weiteren hellleuchtenden Herzensmenschen begegnet, der also auf einer Wellenlänge mit uns ist... was für ein unbeschreibliches Gefühl das ist, da entsteht so viel Wärme, Energie, **Liebe.** Einfach WOW! Suchtgefahr, mehr davon!!!

„Liebe", für viele leider immer noch ein unbekanntes Gefühl. Manche wissen gar nicht, was mit diesem unglaublich energievollen Wort wirklich gemeint ist (darüber schreibe ich ausführlich in meinem nächsten Buch „Herzenstür"). Und deshalb ist es ganz klar unsere Berufung, diese Liebe weiterzugeben, sie andere fühlen zu lassen. Wir sind entzündete Kerzen, die wie in der Kirche weitere Kerzen zum Brennen bringen dürfen. Und das ist – wie ich finde – eine ehrenvolle Aufgabe. SIE werden uns geschickt. Durch unseren Schein ziehen wir genau SIE an. Wer von diesen Menschen bereit dazu ist, lässt sich von uns auch „anzünden".

> Was uns und eben alle um uns herum von
>
> unserer Hochsensibilität profitieren lässt:

Was wir alles fühlen, umwandeln, verändern, mitgeben können... genau um das geht es hier eigentlich, das ist unsere eigentliche Gabe, Berufung, Lebensaufgabe! Nur deshalb haben wir die Hochsensibilität mit in die Wiege gelegt bekommen. Unsere Seelen haben sich genau für das entschieden. Wir können uns nur nicht mehr daran erinnern und unser

Ego kann damit natürlich erst mal nichts anfangen und sagt uns stets, was soll das alles, was soll ich schon bewirken mit dieser Empfindlichkeit. Aber wenn wir im Herzen sind, mit dem Herzen fühlen, verstehen wir das besser und tragen ganz viel bei in diesem Leben, auf dieser Welt.

# (Mit)Gefühl

Durch unser ausgeprägtes (Mit)Gefühl können wir uns gut in Menschen hineinversetzen. Dies strahlen wir auch aus und ziehen so genau die an, die uns gerade in ihrem Leben brauchen. Diese Menschen erkennen ganz klar, wir werden ihnen aufmerksam zuhören. Und wir bekommen dann ja mit offenem Herzen entsprechende Signale und vielleicht wichtige Mitteilungen. Mit dem was wir empfangen, sind wir fähig, anderen den richtigen Impuls zu geben und können somit den Menschen hilfreich zur Seite stehen, sie vielleicht ein Stück weit auf ihrem Weg begleiten. Was für eine schöne Vorstellung wie ich finde.

Aber nicht nur andere Menschen profitieren von unserem Feingefühl, natürlich auch für uns ist es so leichter, unseren wahren Herzensweg zu gehen. Barrieren beseitigen wir mit weniger Angst, weil wir ja genau fühlen, dass es richtig ist und wir da jetzt einfach durchgehen sollten. Genauso können wir Gefahren oder anstehende Schwierigkeiten – oftmals eben noch rechtzeitig – erfühlen und nochmal eine Korrektur einbauen.

Helfersyndrom

Durch unser Mitgefühl können wir auch absolut kein Leid sehen. Wenn es jemandem schlecht geht, möchten wir das am liebsten ausschalten. Hier hätte ich dann immer gerne einen funkelnden Zauberstab, mit dem ich das sofort heilen kann. Da mir dieser jedoch leider nicht zur Verfügung steht, überlege ich dann aber, wie ich der betreffenden Person Gutes tun könnte. Meinen Kindern bringe ich zur Aufmunterung eine Überraschung vom Einkaufen mit, wenn sie mal krank oder vielleicht traurig sind. Und auch allen anderen um mich herum versuche ich mit einer kleinen Geste oder zumindest mit tröstenden Worten aus ihrer unschönen Situation herauszuhelfen. Wer weiter entfernt wohnt von mir, bekommt dann schon auch mal eine Karte oder ein kleines Päckchen per Post zugeschickt. Aber genauso mir fremden Menschen schenke ich gerne zumindest ein Lächeln und mein Mitgefühl von Seele zu Seele. Außerdem bitte ich dann oftmals die Engel, diese Person – und auch alle anderen hier genannten – zu begleiten und unterstützend zur Seite zu stehen.

Achtgeben müssen wir jedoch bei unserem reichlichen Mitgefühl, damit wir die Empfindungen der leidenden, traurigen Mitmenschen nicht wieder auf uns projizieren. Auch wenn wir stets gerne mit dem Herzen zuhören und uns eben gut hineinfühlen können, sollten wir dringend versuchen, trotz allem bei uns selbst zu bleiben und uns zu schützen.

Gefühl für
Unehrlichkeit

Was ein weiterer wahrlicher Vorteil für uns ist, wir können Menschen sehr gut einschätzen durch unser feinfühliges Empfinden - oder wie man es in der Tierwelt ausdrückt, durch unseren Instinkt. Tiere können damit ja uns Menschen genau abschätzen und meiden ganz automatisch diese, wo sie fühlen, die meinen es nicht gut mit ihnen. Andererseits vertrauen sie den Menschen, bei denen sie genau spüren, die begegnen ihnen voller Liebe ohne falsche Absichten. Auf diese Art erkennen eben auch wir rasch, ob es jemand ehrlich mit uns meint und wir ihm vertrauen können. Oder ob wir eher vorsichtig sein sollten mit dem, was wir preisgeben von uns. Mich wirft das leicht aus der Bahn, wenn jemand hintenrum versucht, mir die Federn meiner Engelsflügel zu rupfen. Mein eigener Spruch dazu lautet:

> Würde jeder erkennen, wie einzigartig er doch ist,
> wären Neid und Eifersucht unbekannte Worte.

Und doch gibt es sie, die, die es eben nicht so gut meinen mit ihren Mitmenschen. Aber da wir grundsätzlich selbst bestimmen dürfen, wer auf unserem Lebenszug mitfährt, können wir diejenigen auch liebevoll wieder aussteigen lassen. Und wenn es doch nicht so einfach möglich ist, weil es sich bei der Person vielleicht um einen Kollegen handelt, mit dem wir unausweichlich täglich zu tun haben, können wir nur immer wieder versuchen, uns zu schützen und den Kontakt auf das Notwendigste beschränken.

Eine Gefahr bei diesem Thema ist allerdings, dass wir durch unser ja zugleich wieder schnell aufkommendes Misstrauen aus dem Ego heraus andere auch mal unberechtigt in eine Schublade stecken, in die sie aber in Wirklichkeit vielleicht gar nicht hingehören. Aber ihr wisst ja, offen dem Herzen lauschen, offen diesen Menschen begegnen. Nur so erkennen wir die wahre Wahrheit.

Engel und andere Wesen

Eine wunderschöne Fähigkeit durch diese feinfühlige Aufnahmebereitschaft mit allen Sinnen ist für mich das Sehen und Fühlen der Engel. Ich freue mich über jedes Licht, durch das sie mir sagen, wir sind da. Gerade die Erzengel zeigen sich so schön in ihren eigenen leuchtenden Farben. Nicht selten blitzt Michael in seinem Blau auf, aber auch Raphael hilft immer wieder mit seinem grünen Schein, ein beruhigendes Gefühl zu vermitteln. Und ganz besonders sind sie an Tagen präsent, an denen etwas Entscheidendes ansteht.

Ich werde nie vergessen, als wir unser Haus besichtigt haben, in dem wir die ersten beiden Jahre hier im Allgäu gewohnt haben. An diesem Tag kamen ständig entsprechende eindeutige Hinweise, wie unter anderem Kfz-Kennzeichen aus dem Allgäuer Raum. Und gleich mehrmals war Erzengel Michael zu sehen. Als i-Tüpfelchen habe ich dann auch noch ein vierblättriges Kleeblatt in der Grünfläche neben dem Parkplatz des goldenen M entdeckt, als wäre es als einzelnes extra für mich dagestanden.

Sind wir empfindlich offen und haben alle Fühler ausgestreckt, sind wir empfangsbereit und können uns somit schön führen lassen – in allen Situationen.

Durchaus nehmen wir durch unsere Empfindsamkeit aber genauso Seelen wahr, die noch nicht ins Licht gefunden haben. Und es gibt darunter eben auch diese, die uns vielleicht nicht nur Gutes wollen. Wenn ich das bei mir oder meinen Kindern fühle, rufe ich dazu ebenfalls Erzengel Michael mit der Bitte, uns zu schützen.

Seelen ins Licht führen

Gleichzeitig können wir den Seelen liebevoll mithilfe unserer Engel den Weg ins Licht weisen. Das ist sehr schön möglich, indem ich mich in einem ruhigen Moment mit der Hand auf dem Herzen und geschlossenen Augen von den Seelen dankend verabschiede und mir bildlich vorstelle, wie ich sie an die Engel übergebe. Mit den Lichtwesen gehen sie dann über eine Brücke durch eine hellleuchtende Türe. Dazu habe ich das Bild mit dem „Engel der verlorenen Seelen" gemalt.

Leinwandbild „Engel der verlorenen Seelen"

Feingefühl und Fantasie
welch zauberhafte Mischung

Was gibt es Schöneres, als sich kreativ auszuleben. Und oftmals sind es genau die Menschen mit einem warmen Herzen und ganz viel Gefühl, die sich hierbei so wunderschön austoben können und glanzvolle Ergebnisse zaubern. Zugleich tut es der Seele gut, die sich so ja im Außen präsentiert. Für viele sind die kreativen Momente die, in denen oder durch die sie sich öffnen können. Deshalb würde dieses Thema genauso zum nächsten Kapitel „Hilfreich heilsam" passen. Denn eine fantasievolle Beschäftigung kann äußerst heilend sein, um in unruhigen

Gefühlssituationen wieder zu sich selbst zu kommen. Ich für mich sehe Malen und mittlerweile eben auch Schreiben als meine lebensnotwenigen Tätigkeiten, bei denen ich voll und ganz in der Liebe und somit auch meist bei der Wahrheit in jeder nebenstehenden Situation bin.

Was mich bei meiner feinfühligen Kreativität und Fantasie jedoch hin und wieder daran hindert, einen wirklich produktiven Tag zu erleben ist, dass ich zu viele schöne Ideen gleichzeitig habe und eigentlich alles auf einmal machen möchte. Folglich laufe ich wie aufgescheucht herum, hänge zu lange an der Frage fest, was erschaffe ich denn heute und vergeude viel kostbare Zeit dabei. Demzufolge bin ich dann reizüberflutet und mir schwirrt der Kopf, weil die Projekte ja bereits in Gedanken entstehen. Ich schau auch grundsätzlich keine Kataloge meiner Materiallieferanten mehr an. Denn danach schießen die Ideen immer wie Blitze durcheinander durch meinen Kopf und ich kann teilweise gar nicht mehr schlafen.

Und doch sind es nur noch einzelne Tage, an denen es so ist. Oftmals hängt das zudem auch mit den Energien an diesen Tagen zusammen, die da allgemein in der Luft schweben. Die meiste Zeit entstehen wunderbare Herzensdinge, die ich mit viel Liebe anfertige. Und ich freue mich über jedes einzelne Unikat, das wieder durch mein Herz über meine Hände hinausgeflossen ist.

Der Fluss durch
unsere Hände

Generell wird alles, was durch unsere Hände fließt, gefühlsmäßig zu Gold. Schließt mal die Augen, öffnet euer Herz ganz weit und fühlt, wie diese innere Wärme durch eure Hände strömt. Diese fangen sofort leicht zu pulsieren an. Unsere Hände geben somit ganz viel von unserem Feingefühl nach Außen. Das können wir nicht nur im Kreativen einsetzen, sondern genauso für Therapien, die mit den Händen zu tun haben. Ich selbst bin leider noch nicht so weit, da mir bisher noch unbekannt ist, in welchem Bereich ich dieses händische Feingefühl neben dem Malen einsetzen darf. Aber ich möchte das sehr gerne noch erfahren, wenn die Zeit reif ist dafür. Vielleicht seid ihr schon so weit, um mit euren Händen bei den Menschen die Selbstheilung zu aktivieren. Dann wisst ihr ja genau, wovon ich spreche.

Und ich glaube, das ist auch ein Grund, warum ich keine schmutzigen Hände haben kann. Ich weiß nicht, ob es euch da auch so geht. Aber egal ob ich koche, male, im Garten am Werkeln bin, etwas Klebriges gegessen habe und so weiter, ich muss stets sofort meine Hände waschen. Keinesfalls ist es zwanghaft oder so übertrieben oft, dass es mit einem Seelenthema in Verbindung gebracht werden könnte. Meiner Meinung nach hat es einfach nur damit zu tun, dass ich das Gefühl habe, der Fluss durch meine Hände ist dabei blockiert. Mittlerweile kann ich aus diesem Grund auch keine Ringe mehr tragen. Meine Hände müssen für den gefühlsmäßigen Fluss frei sein.

Hilfreich heilsam

Wenn die Energien wieder mal nur so über uns hinwegfegen, gefühlsmäßig alles zu viel ist, ist es nur richtig, dass wir uns zurückziehen.

 Schneller Rückzug

Nicht immer ist es jedoch möglich, sich eine längere Auszeit zu nehmen, weil wir vielleicht gerade in der Arbeit sind. Dann ist es schon hilfreich, sich nur für einen Moment in einen anderen Raum zu verziehen - und wenn es einfach kurz die Toilette ist. Aber es ist so ungemein WICHTIG! Dabei empfehle ich, einen der Punkte unter „Schutz und Reinigung" durchzuführen, um wieder ein Stück weit befreiter an die Arbeit gehen zu können.

Bin dann mal
bei mir

Manchmal hilft nur noch eine längere Auszeit. Dann sollten wir uns diese auch unbedingt nehmen, um rechtzeitig unsere Akkus wieder aufzuladen...

...mit einem Buch

Wie wäre es da mal wieder mit dem Lesen eines Buches. Oder man lässt lesen und sich von einem Hörbuch berieseln. In beiden Fällen sollte es dann aber vielleicht nicht unbedingt ein "schweres" Sachbuch sein, welches uns wieder zum Nachdenken anregt, sondern eines, das uns gerade im Herzen guttut und somit Balsam für die Seele ist. Zwischendurch lese ich da gerne einfach mal wieder einen schönen Schnulzenroman, bei dem ich nicht mitdenken muss, sondern einfach nur dahinschwelgen kann. Und doch weiß jeder für sich am besten, mit welcher Lektüre er zur Ruhe kommt.

...bei einer Meditation

Bei absoluter Stille ist eine Meditation immerzu sehr heilsam, die uns mit sanften Klängen und berührenden Worten dahin bringt, wo wir eigentlich sein sollten, nämlich zu uns selbst. Das funktioniert genauso prima, wenn wir Spazieren gehen. Und das am besten in der reinen Natur. Die entzieht uns auf ihre natürliche Weise die unguten Energien und so tanken wir im Gegenzug frische, gute Energie auf.

...indem ich einfach mal nichts tue

Und manchmal ist es doch einfach nur schön, allein dazusitzen und gar nichts zu tun, der Stille oder den leisen Geräuschen zu lauschen, den Atem zu spüren, die Gedanken möglichst ziehen zu lassen. Ich genieße es mittlerweile voll und ganz, allein zu sein – so sehr ich meine Kinder und alle Lieben um mich herum von Herzen liebe. Ich habe lange gebraucht, um mir einzugestehen, dass mir Alleinsein einfach guttut und ich mir somit gerne mal diese Auszeit nehme. Nicht jeder kann das verstehen, denn es sieht ja für manche so aus, als möchte man sie wegschicken. Aber schließlich profitieren ja alle davon, wenn wir unsere Akkus wieder aufgeladen haben und befreit und somit vielleicht bereit für das ein oder andere Abenteuer zurückkommen.

...indem ich meinen Herzensraum schaffe

Was für mich noch äußerst hilfreich ist: Ich stelle mir einen Raum in meinem Innersten vor, in den ich mich zurückziehe – den Herzensraum. Bei mir ist dieser in schönen warmen Farben gestaltet und hat ein großes Fenster, durch das die Sonne hellleuchtend hereinstrahlt. Die Wände sind Orange, die Raumdecke Weiß. Der Boden ist mit einem schönen Holz gestaltet. Mittig steht eine rote Couch. Das funktioniert übrigens auch sehr gut, wenn es mal wieder schnell gehen muss mit dem Rückzug. Kurz in sich, das heißt bildlich durch eine Türe (die dann auch von innen wieder zugemacht wird) in diesen Raum gehen und auf die Couch setzen oder legen. Falls gerade möglich, die Augen dabei schließen und schon wird es warm im Herzen und wir fühlen eine angenehme, entspannende Ruhe.

Bin in meinem Herzensgarten

Ich habe bereits meinen „Herzensgarten" erwähnt. Dieses von mir von vor ein paar Jahren verfasste Gedicht möchte ich euch von Herzen schenken. Es ist auf der letzten Seite zum Ausschneiden zu finden. Ich selbst habe die Worte gerahmt an der Wand hängen, wo ich sie stets im Blick habe. Denn mir hilft der Herzensgarten immer wieder so sehr, indem ich einmal tief durchatme und mich – vielleicht bei geschlossenen Augen – gefühlsmäßig da hineinsetze. In diesem Moment wird auch mein Herz sofort warm. Irgendwann möchte ich sogar meinen echten Herzensgarten, also eine Ecke im Garten nur für mich mit genau dieser Bank und schönen Blümchen drumherum...

Ich würde mich freuen, wenn ihr mit diesen Zeilen ebenfalls liebevoll zu euch selbst zurückfindet in Augenblicken, in denen euch das Gefühlchaos mal wieder zu überrennen scheint.

Mit Tieren
von Gefühl zu Gefühl

Ich finde, Tiere sind ganz wundervolle Heilkünstler. Auch sie besitzen so intensives Feingefühl und erkennen sofort, wenn es uns nicht blendend geht. Ich sehe das berührend schön an unseren beiden Katzen. Sie tun mir einfach gut und fangen durch ihre liebenswerte Art ganz viel an aufkommenden Emotionen auf und wandeln diese blitzschnell in innere Ruhe um. In den Zeiten mit unseren Tieren ist auch prompt unser Herz offen und zack sind wir auch schon wieder bei uns, wenn wir mal kurz aus unserer Spur geraten sind.

Und ich würde sogar sagen, dass es da auch bei Tieren nochmal einen Unterschied gibt zwischen Feingefühl und sehr viel Feingefühl. So fällt es mir bei einer unserer Katzen auf. Ich erkenne Lucy als hochsensibel. Sie kann

Lucy vor meinem ersten Engelbild

bei größerer Unruhe lange nicht entspannen, läuft nervös von einem Schlafplätzchen zum nächsten, bis sie endlich bei einem abschalten kann und dann aber den ganzen Tag schläft. Und wenn das wirklich mal gar nicht möglich ist, weil ihr der Trubel schlichtweg zu viel ist, geht sie nach Draußen und verkrümelt sich dort irgendwo bis zum Abend. Lucy sieht auch ganz klar andere Wesen im Raum. Sie starrt häufig mit großen Augen in irgendeine Ecke oder an einen Punkt direkt über uns. Und was immer zu nett ist, sobald Streit in der Luft liegt, kommt sie zu den betreffenden Personen und legt oder setzt sich neben die Füße, als würde sie sagen wollen, alles ist gut. Wenn ich mit meinen Kindern mal einen strengeren Ton spreche, kommt Lucy manchmal zu mir, setzt sich eben neben mich und miaut mich sogar noch leise an. Ich hatte schon viele Katzen in meinem Leben, aber so habe ich das noch nie erlebt.

Schutz und Reinigung

Manchmal ist es einfach absolut nicht realisierbar, sich zurückzuziehen. Da brauchen wir dann andere Möglichkeiten, um uns innerlich schnell wieder zu stärken und auch äußerlich zu schützen. Denn vor allem für uns ist es so wichtig, uns vor giftigen, ungesunden Energien abzuschirmen.

Lila Licht

Ich versuche dann oft, mich wenigstens für ein paar Sekunden raus zu nehmen aus einer unangenehmen Situation und sehe mich mit lilafarbenem Licht umhüllt. Die Farbe Lila wird als heilende, beruhigende Farbe gedeutet. Das tut mir persönlich sehr gut, weil ich mich damit geborgen und beschützt fühle. Zugleich hat es eine reinigende Wirkung. Man hört auch immer wieder von der lila Flamme, die Energien harmonisiert, also negative Energien auflöst. So empfinde ich das dann auch. Daraus ist der Schutzengel auf dem Bild hier entstanden. Mit offenem Herzen bei sich selbst sein. Dabei die Hand auf das Herz legen, das wirkt wie ein Magnet von Außen und es wird sofort warm im Innersten. Zugleich dann den lila Schein um den ganzen Körper visualisieren. So kann Heilung augenblicklich geschehen.

Leinwandbild „Engel für Hochsensible"

Und um bei der „lila Flamme" zu bleiben. Mit dieser können wir auch das Ausräuchern unserer energetisch geschwächten Wohnräume unterstützen. Kennt ihr das Gefühl: "Eigentlich geht es mir doch gut, alles ist in bester Ordnung...". Dennoch fühlt ihr euch energetisch geschwächt und wisst nicht, wie ihr da rauskommen könnt. Tatsächlich kann es sein, dass unsere Wohnräume durch ungute Energien belastet sind, was sich wiederum auf unsere eigenen Energien (und auch auf die der Familie) überträgt. Als ich bei uns das erste Mal eine intensive, nämlich die energetische Hausreinigung durchgeführt habe, ist mir dazu die Idee für das entsprechende Engelbild gekommen, das ich euch hier zeige.

Ich bin dabei nach einem Buch von Georg Huber vorgegangen, welches ich wirklich sehr empfehlen kann (siehe Buchempfehlungen auf Seite 104). Nach diesem sind vor allem vier Punkte/Säulen wichtig, nämlich

☆ die violette Flamme in Zusammenarbeit
   mit Saint Germain und Erzengel Zadkiel,
☆ das Räuchern,
☆ eine Kerze
☆ und abschließend die Lichtsäule.

Oberhalb des Bildes habe ich noch die *Blume des Lebens* als Energiesymbol gemalt. Auch diese trägt an Fenstern oder Wohnräumen zu einer angenehmen Energie bei. Deshalb kurz ein eigenes Thema auf einer der folgenden Seiten.

Leinwandbild „Engel der energetischen Hausreinigung"

Erzengel
Michael

In Momenten der gefühlsmäßigen Erschöpfung bitte ich liebevoll Erzengel Michael – der ja für Schutz, Kraft und Reinigung steht – um Hilfe. Ich stelle mir dann vor, wie er mir in Form eines Staubsaugers die negativen Energien - und auch sonst alles, was sich so an Unnützem in meiner Aura angesammelt hat - herauszieht. Es ist jederzeit möglich, sich bildlich da hineinzufühlen, sich fallenzulassen und von dieser positiven, wohltuenden Wirkung zu profitieren. Aber auch sonst ist es immer wieder beruhigend, Erzengel Michael zu sich zu bitten in Momenten, in denen man das Gefühl hat, nicht mehr herauszufinden aus dem Gefühlschaos. Allein dieses Herbeirufen tut mir in diesem Augenblick schon gut, weil ich weiß, er steht sofort hilfreich zu Seite und beschützt mich prompt. Generell wollen die Engel einfach nur gebeten werden, denn erst dann dürfen sie uns auch wirklich unterstützen.

Leinwandbild „Erzengel Michael" in seiner Erscheinungsform als purpurblaues Licht

Symbolischer
Schutz

Es gibt gewisse Symbole, die Schutz bieten. Hierzu findet man ganz vieles im Internet. Oftmals reicht schon ein Kettenanhänger oder ein Hosentaschenstein, sei es in Form eines wirksamen Edelsteins oder auch eines bemalten Flusssteines. Nur der Gedanke daran, dass dieser Talisman jetzt bei uns ist, wirkt schon beruhigend. In brenzligen Situationen nehme ich meine "Beschützer" dann ganz fest in meine Hand, schließe kurz die Augen und atme tief durch. Das fühlt sich an, als würde sich alles wieder schnell ordnen.

Klitzekleine Werbepause an dieser Stelle... auch ich biete solche Hosentaschensteine in meinem Engelliebe-Shop an. Den Link hierzu findet ihr auf einer der letzten Seiten.

Die „Blume des Lebens"

Meiner Meinung nach das bekannteste Symbol hierbei dürfte wohl die "Blume des Lebens" sein. Auch ich habe diese gerne als Halskette dabei. Genauso hängt bzw. klebt das Energiesymbol bei mir auf dem Laptop, an Fenstern in Wohn- und Schlafräumen, wird als Untersetzer für Getränke eingesetzt usw. Sie signalisiert Liebe und Harmonie und wirkt äußerst beruhigend sowie schützend und energetisierend. Inzwischen bemale ich auch gerne Verschiedenes mit der Lebensblume.

Kinder und (zu) viel Feingefühl

Wenn ich über meine Kindheit nachdenke, fällt mir vor allem eines ein: Schüchtern. In der Schule habe ich mich kaum gemeldet, aus Angst, etwas Falsches sagen zu können. Aus dem Grund war ich vor allem in den Klassen der weiterführenden Schule nicht wirklich beliebt, bis sich einmal eine Mitschülerin für mich eingesetzt hatte, nachdem ich weinend in einer Ecke gesessen habe. Ab diesem Zeitpunkt wurde ich akzeptiert. Und doch war ich irgendwie anders neben den anderen Mädchen. Auch die Lehrer verhielten sich unterschiedlich mir gegenüber, was damals schon große Schuldgefühle in mir ausgelöst hat. Für einzelne war meine äußerst schüchterne Art eher ein Dorn im Auge und zugleich eine Angriffsfläche, mich vor der Klasse bloßzustellen. Ich werde nie vergessen, als wir in der Grundschule nacheinander stehend vor der Klasse ein Gedicht aufsagen mussten. Sowas war für mich blanker Horror. Selbst jetzt noch, während ich das schreibe und mich da hineindenke, rollt eine Gefühlswelle durch mich hindurch. Wegen meiner Unsicherheit konnte ich das Gedicht nicht einwandfrei vortragen. Ich hatte an diesem Tag zwei geflochtene Zöpfe. Die Lehrerin kam zu mir, zog an diesen Zöpfen und meinte, ob ich etwa nicht gelernt habe, was die ganze Klasse natürlich zum Lachen animierte. Ein Vorwurf, der nicht berechtigt war und zugleich wurde ich vor den Mitschülern verspottet. Auch wenn wir uns an vieles aus der Kindheit meist nicht mehr erinnern, sowas bleibt abgespeichert. Selbst heute ist es für mich nicht unbedingt vorstellbar, vor Menschen zu sprechen. Deshalb bleibe ich lieber im Hintergrund mit Pinseln, Farben, Tastatur und gebe mein Innerstes lieber durch Bilder, Bücher, Medien etc. an euch alle weiter.

Meine ausgeprägte Kreativität war mir ebenfalls von klein auf gegeben. Seit ich einen Stift halten kann, male ich. Schon damals habe ich mich oft den ganzen Tag in mein Zimmer zurückgezogen und mich kreativ in meiner eigenen Welt entfaltet. So habe ich mich geborgen gefühlt.

Was meine eigenen Beobachtungen bei hochsensiblen Kindern angeht, dazu möchte ich eine weitere meiner eigenen Erfahrungen vorbringen. Ich kann mir vorstellen, dass auch diese so manchen helfen könnte, die gleiches erlebt haben oder vielleicht auch gerade erleben. Meine Erkenntnis durch Gespräche mit anderen Mamas sagt, dass es nicht wenigen so geht. **Aber erkenne selbst.**

Wie am Anfang bereits erwähnt, bin ich eigentlich durch meine Tochter auf das Thema "Hochsensibilität" gekommen. Jana hatte ab dem dritten Lebenstag nur geschrien. Kurz darauf war ich in einer Schreiambulanz. Dort hieß es "Reizüberflutung"... ach ja, und ich mache bereits alles richtig wurde mir wenigstens noch gesagt. Einerseits ganz nett, aber das half mir damals keineswegs weiter, denn sie hat deshalb ja nicht aufgehört zu Schreien. Als Nächstes war ich bei einem Osteopathen. Bereits nach einem Termin dort war es zumindest schon mal möglich, dass wir Jana baden konnten. Das ging zuvor gar nicht. Aber das Schreien sonst hatte leider nach wie vor nicht aufgehört, egal was wir versucht haben. Auch als Kleinkind bekam sie noch Anfälle über Stunden, bei denen sie zudem zornig mit Sachen um sich geworfen hatte. Irgendwann bin ich bei einem Kinderpsychologen gelandet, der ADHS diagnostiziert hat und Jana Ritalin geben wollte. Das kam für mich überhaupt nicht in Frage, da die Kinder damit ja nicht mehr sie Selbst sind, sondern einfach nur ruhig in eine andere Welt gestellt werden. Folglich nahm ich dann mit Jana noch viele Termine in einem Kinderzentrum wahr. Hier wurde verschiedenes getestet, unter anderem ob Autismus in Frage käme, was dann erfreulicherweise nicht der Fall war. Auch hier fiel letztendlich aber wieder das Wort ADHS.

Im Kindergarten fühlte Jana sich sehr unwohl, weil die Tage mit diesem dortigen Konzept ohne Struktur mit viel Freispiel abgelaufen sind. Demzufolge bekam sie zu Hause nach einiger Zeit schlimme Panikattacken und konnte nicht mehr in diesen Kindergarten gehen. Das Jahr vor Schulbeginn bekamen wir für Jana erfreulicherweise einen Platz in einer schulvorbereitenden Einrichtung. In dieser Gruppe waren nur wenige Kinder und es gab einen immer gleichen, geordneten Tagesablauf. Somit fühlte sie sich wohl.

Ihre schlimmen, teilweise zweistündigen Schreianfälle mit Randalen in der Wohnung hörten aber erst dann auf, nachdem ich zu einer Frau geführt wurde, die aus einem früheren Leben auflösen konnte, was die Ursache für diese Ausbrüche war. Und doch war es für mich manchmal immer noch schwierig, mit Jana´s teilweise anstrengenden Verhaltensweisen umzugehen.

Irgendwann kam ich eben auf das Thema „Hochsensibilität". Und heute weiß ich, dass meine liebe Tochter ebenfalls hochsensibel ist.

Jana saugt im Außen ebenfalls alles auf wie ein Schwamm, genau so, wie in diesem Buch geschrieben. Unterwegs ist sie wie ein Scanner, beobachtet oftmals starr das Außen. Und ist dann – da sie sich selbst noch nicht so schützt – sehr schnell überreizt. Inzwischen geht sie zu Hause von sich aus sehr gerne in ihr Zimmer hoch, um wieder zu sich zu kommen, weil sie sich dort einfach sicher und wohl fühlt. Fehlen darf da nicht ihr Kater, den sie über alles liebt und der gleichzeitig sehr beruhigend auf sie wirkt.

Jana fühlt so ebenfalls sämtliche Energien, die herumschwirren, egal ob gute oder weniger angenehme. Auch sie erkennt bzw. erfühlt Streitsituationen sofort, sobald sie den Raum betritt und gerät in einem gestörten Harmoniefeld ins Wanken. Jana fühlt sich nur in einem geordneten und strukturierten Außen wohl. Ihr Zimmer war immer schon top aufgeräumt. Hier wurde mir – um nochmal auf den Kinderpsychologen zurück zu kommen – damals die Schuld in die Schuhe geschoben mit den Worten: "Wenn ich das Foto (welches wir mitbringen mussten) von Jana´s Zimmer sehe, wundert mich das nicht, dass sie verhaltensauffällig ist bei Ihrem Perfektionismus.". Dass ich von meinen Kindern noch niemals gefordert habe, ihre Zimmer immer picobello aufzuräumen, kann mein Sohn bestätigen, denn er ist diesbezüglich eher das Gegenteil.

Auch für Jana Geläufiges sollte möglichst nicht unterbrochen werden, denn das bringt sie sehr leicht aus dem Konzept. Um ein Beispiel aus ihrer anfänglichen Schulzeit zu nennen: Hier hat einmal der Busfahrer des Kleinbusses gewechselt, mit dem sie immer abgeholt wurde. Das wurde uns zuvor angekündigt und hat sie sogleich so verstört, dass sie keine Ruhe mehr hatte und auch die Nacht davor nicht schlafen konnte. Gewohntes ist für sie zugleich Vertrautes. Das gilt auch beim Essen. Im Babyalter gab es für Jana zwei Sorten an Gläschen, die sie wirklich mochte. Alles andere hat sie nicht gegessen. Selbst wenn es inzwischen weitaus mehr als zwei Gerichte sind, die sie mag, die Auswahl beim Kochen ist hier für mich nach wie vor begrenzt. Und neues wird generell erst mal skeptisch betrachtet.

Hier hat Julian meinen „Engel des Wassers" auf seine Art gemalt, weil das sein Lieblingsengel ist

Noch schützt sie sich selbst oftmals aus sehr viel Angst, indem sie ihr Herz verschließt. Und doch öffnet sie ihre Türe immer öfter. Jana ist absolut mitfühlend mit den Menschen und auch Tieren. Sie zeigt in ihrem Alter schon großes Verständnis für andere und kann es gar nicht haben, wenn es jemandem nicht gut geht. Allerdings saugt sie so auch neugierig die Infos aus den Nachrichten im Internet intensiv auf und fühlt hierbei stets mit, was natürlich nur so förderlich ist für die Reizüberflutung. Aber einem 13jährigen Mädchen Anweisungen bezüglich Handygebrauch, geschweige denn dieses zwischendurch zu verbieten, gestaltet sich einfach ziemlich schwierig... dazu kommt, dass ich es wieder mal herzensgefühlsmäßig nicht leicht schaffe...

Was ich an dieser Stelle von Herzen sagen möchte:

Jana,

ich liebe Dich genau so,

wie Du bist!

Und auch mein Sohn ist äußerst feinfühlig. Da es vererblich ist, haben gleich beide etwas davon abbekommen. Die Eigenschaften teilen sich hier erstaunlicherweise etwas auf. Julian ist eher der Strahlemann, der durch seine Augen sein meist offenes Herz zeigt. Aber durch seine Offenheit bietet er natürlich eine große Angriffsfläche für andere und fühlt sich sehr schnell attackiert, ungerecht behandelt, in eine Ecke gedrängt und bekommt fast Panik, wenn er dort drinsteht. Einfach auch aus dem Grund, weil er nichts falsch machen möchte. Das habe ich ihm niemals so vorgegeben. Im Gegenteil ich versuche Julian so oft zu Verstehen zu geben, dass er toll und genau richtig ist, wie er ist. Aber nur selten komme ich bei ihm damit an. Er ist ebenfalls enorm mitfühlend, möchte immer, dass es allen gut geht und tut dafür auch sehr viel. Nur leider für sich selbst nicht, weil er von sich traurigerweise gar nichts hält, was mir als Mama wiederum sehr weh tut. Aber ich bleibe dran, um ihn dahinzubringen, sich so anzunehmen wie er ist und auch mehr auf sich zu schauen.

Auf große Veranstaltungen, ja sogar in Freizeitparks geht Julian nicht unbedingt gerne, weil es ihm Angst macht, den Massen von Menschen zu begegnen. Und wenn wir dorthin gehen, bleibt er meist auf Tuchfühlung, da eine weitere enorme Angst von ihm ist, mich zu verlieren. Auch die Lautstärke ist für Julian eine Belastung. Er hebt sich genau wie ich sofort die Ohren zu, sobald es etwas laut wird. Bevor so ein Ausflug ansteht bekommt er teilweise von vornherein Kopfschmerzen, die er auch sonst leider nicht selten hat, da so viel auf ihm lastet durch die Hochsensibilität.

Was ich an dieser Stelle von Herzen sagen möchte:

*Julian,
ich liebe Dich genau so,
wie Du bist!*

Engel und Seelen

Was meine beiden Kinder definitiv gemeinsam haben, ist das Sehen und Fühlen der Engel. Grundsätzlich können das alle Kinder, die auf die Welt kommen. Wenn dies jedoch nicht so ernst genommen und gefördert wird, verschwindet diese Fähigkeit leider meist ganz schnell. Durch enorme Feinfühligkeit ist diese Gabe noch ausgeprägter. Es freut mich immer wieder, wenn meine Tochter sagt „Wow, da war gerade ein Engel über deinem Kopf oder da in der Ecke" oder mein Sohn erzählt, dass er die Engel zu irgendeinem Thema befragt hat. Jedoch ist es durch diese

Offenheit auch für Seelen ein leichtes Spiel, sich an sie zu heften. Wenn solch ein Verdacht besteht, kann man wie auf Seite 70 beschrieben den verlorenen Seelen liebevoll helfen, ins Licht zu gehen.

Was ebenfalls beide so wundervoll ausleben, ist ihre Kreativität. Hierbei fließt so viel aus ihrem Innersten. Früher hat auch Jana sich ganz oft in ihr Zimmer verkrochen und kam mit einem zauberhaften Unikat wieder. Da zeigt sich einfach ganz viel Feingefühl und Emotionen werden damit gut verarbeitet.

Da ich diese Erkenntnis der Hochsensibilität bei mir und bei meinen Kindern und selbst eben vieles gelernt habe, kann ich die beiden sehr gut unterstützend begleiten und ihnen frühzeitig dabei helfen, mit der Feinfühligkeit zu leben.

Zum Thema „Kinder und hochsensibel" gibt es ein sehr hilfreiches Buch von Rolf Sellin, ebenfalls aufgelistet auf Seite 104.

Meine Schlussworte
von Herz zu Herz

„Sei doch nicht so empfindlich!"... wie oft habe ich diese Worte schon gehört. Als Kind noch viel öfter. Gegenüber Erwachsenen wird das vielleicht nicht so häufig ausgesprochen, da denken es sich die meisten eher oder äußern es lieber hinter dem Rücken des Betroffenen. Viele von uns haben sich dadurch Sätze abgespeichert, wie „Ich muss stark sein", „Ich darf keine Schwäche zeigen", „Lieber schluck ich das hinunter", „Ich schaff das schon irgendwie" und so weiter. Das tut uns aber keinesfalls gut. Im Gegenteil, das ist eine gewaltige Belastung für uns und schmerzt im Herzen. Wir sind nicht mehr der Mensch, der wir wahrlich sind. Und wenn wir uns für andere verbiegen und unser Herz verschließen, ohne auf uns selbst zu hören und zu schauen, zeigt sich das nicht selten durch körperliche und seelische Leiden. Deshalb möchte ich jedem einzelnen an dieser Stelle so gerne ans Herz legen:

DU bist genau richtig so wie DU bist!

Zeig dich genau so bei deinen Mitmenschen!

Du bist wundervoll!

Schön, dass es DICH gibt.

Die, die wirklich zu euch gehören, werden euch verstehen und weiterhin an eurem Leben teilhaben wollen. Alle anderen sind generell nicht ehrlich - nicht mit sich selbst und folglich nicht mit euch - und würden sich sowieso irgendwann verabschieden.

Wichtig ist mir hierbei jedoch noch zu erwähnen: Ich möchte damit keinesfalls ausdrücken, dass wir uns nach Erkenntnis der eigenen Hochsensibilität einfach darauf auszuruhen und dies für alles als Entschuldigung verwenden sollen mit den Worten „Ich kann ja gar nichts dafür, ich bin halt hochsensibel". Wir dürfen natürlich schon wie in den Abschnitten „Was wir lernen können" beschrieben zumindest an unseren „Special Effects" arbeiten. Und das tun wir ja nicht nur für unsere Mitmenschen, sondern auch für uns selbst. Ich bin die letzten Jahre unaufhörlich dran und sicher noch nicht durch damit. Aber nur so habe ich die Jahre nach meiner Ehe als alleinerziehende Mama von zwei schulpflichtigen Kindern mit Halbtagsjob, gut laufendem Kleinunternehmen und Haushalt – wie ich glaube – ganz gut gemacht. Dass ich manchmal sicher an meine Grenzen gestoßen bin, keine Frage. Für mich war es jedoch auch eine lehrreiche Zeit, die zugleich wirklich wunderschön und harmonisch war. Da sind wir Drei uns immer wieder einig. Und daraus ist letztendlich auch dieses Buch entstanden.

Ich freue mich riesig im Herzen, wenn ich euch mit meinen Worten ein Stück weit auf euerem Lebensweg helfen kann. Sehr gerne könnt ihr mir hierzu auch schreiben. Genauso stehe ich jederzeit für Herzensfragen zur Verfügung. Möglichkeiten zu einer Kontaktaufnahme findet ihr auf einer der folgenden Seiten.

Herzlichst, Nicole ♥

Zu guter Letzt noch ein Spruch, den sicher schon viele gelesen oder gehört haben, der mir immer wieder aus dem Herzen spricht:

Ein Kopfmensch wird nie verstehen,
was ein Herzensmensch fühlt...

Über mich

Dieses Erdenleben habe ich im Jahr 1976 in Neuburg an der Donau begonnen. Seit 2006 und 2009 bin ich Mama von zwei wundervollen Kindern, die ich von Herzen liebe.

2018 sind wir ins wunderschöne Allgäu in die Nähe von Isny gezogen.

Nicole Seitz

Beim Schreiben dieses Buches

Die letzten Jahre habe ich meine Leidenschaft für das Schreiben entdeckt. Gleichzeitig bin ich fast täglich mit Pinseln und Farben am Werk. Nachdem ich immer wieder danach gefragt werde... ich habe keine künstlerische Ausbildung und auch keine Malkurse besucht, sondern nutze für die Malerei einfach nur mein mitgegebenes Talent, für das ich jeden Tag so dankbar bin. Oftmals habe ich mich bereits im Kindesalter allein in mein Zimmer zurückgezogen, um mich mit meinen Gefühlen kreativ auszuleben. Und das mache ich bis heute mit großer Freude. Im Moment male ich verschiedenste Engelbilder, die schon bei Ausstellungen zu sehen waren. Auch sonst entstehen nahezu täglich weitere Herzensdinge mit viel Liebe.

Meine eigene Hochsensibilität wurde mir erst 2018 – ebenfalls durch ein Buch – so richtig bewusst, was für mich erst mal ein Stück weit eine große Erleichterung war. Daraufhin bekam mir durch ein drängendes Gefühl mitgeteilt, dass ich meine eigenen Erfahrungen weitergeben soll.

Mein nächstes Vorhaben ist, Treffen für den gemeinsamen Austausch zum Thema „Hochsensibel" zu organisieren. Ich weiß noch nicht genau, wann ich damit starte. Aber wer Interesse hat und in meiner Nähe wohnt, darf sich gerne schon mal bei mir melden.

Nicole Seitz

www.engelliebe.com

mit meinem Engelliebe-Shop

E-Mail:

info@engelliebe.com

Facebook:

Engelliebe:

www.facebook.com/Engel.Nicole.S oder

Herzensmensch mit viel Feingefühl:

www.facebook.com/Einfach.nur.hochsensibel

Instagram:

www.instagram.com/engel.in.liebe

Ich freue mich auf Dich!

Meine Buchempfehlungen

Rolf Sellin

Mein Kind ist hochsensibel – was tun?

Wie Sie es verstehen, stärken und fördern

Rolf Sellin

Wenn die Haut zu dünn ist

Hochsensibilität – vom Manko zum Plus

Dr. Med. Suzann Kirschner-Brouns und Cordula Römer

Hochsensibel

Leichter durch den Alltag ohne Reizüberflutung

Safi Nidiaye

Das befreite Herz

Von der Wohltat des emotionalen Aufräumens

Safi Nidiaye

Gefühle sind zum Fühlen da

Das Handbuch vom positiven Umgang mit negativen Emotionen

Georg Huber

Das größte Praxisbuch der Energetischen Hausreinigung

Kraftvolle Rituale für positive Energien und Schutz in den eigenen vier Wänden

Leinwandbild "Engel im Herzensgarten"

Bin in meinem

Herzensgarten

In meinem Herzensgarten geht es mir gut,

da habe ich Vertrauen, tanke Mut.

Im Herzensgarten erkenne ich meinen Weg ganz klar,

und sehe, alles ist gut und wunderbar.

Im Herzensgarten gibt es keine Mauer drum herum,

erste Steine fallen hier schnell wieder um.

Im Herzensgarten fliegen Schmetterlinge durch die Luft,

und Blumen verbreiten einen wundervollen Duft.

Im Herzensgarten sitzen auf der Bank bei mir,

die wirklich zu mir gehören im Jetzt und Hier.

Im Herzensgarten wird gepflanzt und gesät,

so manches tief verwurzeltes Pflänzlein nie mehr ganz geht.

Im Herzensgarten kommt auch Unkraut zum Vorschein,

doch kann ich mich davon sanft wieder befreien.

Im Herzensgarten strahlt die Sonne allzeit,

die Wärme reicht aus für alle um mich weit und breit.

Im Herzensgarten ziehen auch mal Sturm und Gewitter vorbei,

doch das reinigt und klärt so Allerlei.

Im Herzensgarten ist der beste Dünger die Liebe,

die verzeiht und versteht zudem alle giftigen Triebe.

Im Herzensgarten genieße ich Ruhe und Stille,

dort zählen meine Wünsche und mein eigener Wille.

Im Herzensgarten bin ich ganz bei mir,

verbunden mit dem Himmel im Jetzt und Hier.

Nicole Seitz